¡HOLA!

COMPRENDER EL TEXTO

1 ¿Quién es? | Wer ist das? Ordne die Sätze der entsprechenden Person zu. ▶ Texto, p. 8–9

1

2

3

☐ Soy de Salamanca.

☐ Hablo vasco.

☐ Soy de California.

☐ Soy Vega.

☐ Me llamo Idoya.

☐ Hablo inglés.

PRACTICAR

2 Ahora tú, di quién eres y qué lenguas hablas. | Stelle dich vor: Sage deinen Namen und welche Sprachen du sprichst.

¡Hola! Me llamo Nuria. Hablo catalán y español. Y tú, ¿qué lenguas hablas?

1

2

¿Qué tal? Soy de Cuzco. Me llamo Ricardo. Y tú, ¿cómo te llamas?

____
____
____
____
____
____
____
____

ESCUCHAR Y REPETIR

2 **3 a** Escucha y repite las ciudades y los países. | Höre dir die Städte und Länder an und sprich sie nach.

España Melilla Mallorca Logroño Valladolid
La Coruña Castilla La Mancha Chile China

3 **b** Escucha y subraya los lugares en a. | Welche Orte von a hörst du? Unterstreiche sie.

BIENVENIDO A SALAMANCA

¡ACÉRCATE!

COMPRENDER EL TEXTO

1 **Löse das Kreuzworträtsel.** ▶ Texto, p. 10–11

Salamanca…
es la [1] Mayor.
es el [2] Huerto de Calixto y Melibea.
es el [3] de fútbol.
es la [4].
son los [5].
son los [6].
es el [7] Tormes.
también son los [8].

PRACTICAR

2 **¿Singular o plural? Completa.** ▶ Resumen, p. 22/2

singular	plural	singular	plural
1. el estadio	____________	5. el centro	____________
2. el amigo	____________	6. el monumento	____________
3. ____________	los estudiantes	7. ____________	las ciudades
4. la plaza	____________	8. ____________	los profesores

APRENDER MEJOR

3 **Wörter erschließen. Wie sagt man folgende Wörter auf Deutsch, auf Englisch, auf Französisch, ggf. in anderen Sprachen? Erstelle eine Tabelle in deinem Heft.** ▶ Methoden, p. 159

el momento

el concierto

el agua mineral

el aeropuerto

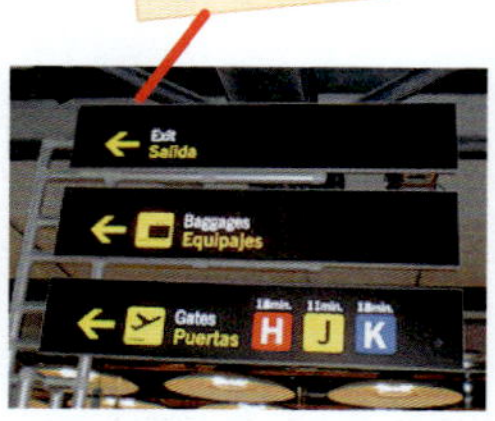

el autobús

el termómetro

la orquesta

la bicicleta

la cultura

el teléfono

el perfume

el grupo

el banco

1A EL CHICO DE COLOMBIA

COMPRENDER EL TEXTO

1 **Completa las frases. | Ergänze die Sätze.** ▶ Texto, p. 13

Este es Diego. Es ________________

________________. Es de

________________.

Roberto y el ________________

de Colombia son

________________.

Roberto es de

________________.

Laura es ________________

de Diego. Laura y Vega son

________________.

ESCUCHAR

4 **2** **Escucha y marca la respuesta correcta. | Höre zu und kreuze die richtige Antwort an.**

1. Este es…
   - a Carlitos.
   - b Juan.
   - c Miguel.
2. Es de…
   - a Salamanca.
   - b Madrid.
   - c Bogotá.
3. Es amigo de…
   - a Lucía y Sandra.
   - b Carlitos y Lucía.
   - c Carlitos y Sandra.

4. Esta es…
   - a Silvia.
   - b Rosa.
   - c Isabel.
5. Es de…
   - a Salamanca.
   - b Madrid.
   - c Bogotá.
6. Es amiga de…
   - a Rogelio y Sandra.
   - b Sandra y Sara.
   - c Sara y Rogelio.

PRACTICAR

3 a **Encuentra las formas del verbo ser. | Die übrigen Buchstaben ergeben einen Satz.** ▶ Los verbos, p. 181

L	S	O	Y	A	U	R	A
E	E	R	E	S	S	E	S
S	O	M	O	S	D	E	B
A	S	O	I	S	R	C	E
S	O	N	L	O	N	A	.

ser

________________ ________________

________________ ________________

________________ ________________

Satz: ________________________________

b **Completa los diálogos. Usa las formas del verbo ser.**

1. **Roberto:** Laura ________________ tu vecina, ¿verdad?

   Diego: Sí. ¿Ella y Vega ________________ amigas?

2. **Diego:** Hola, ________________ el vecino de Laura. ¿Qué tal?

   Vega: Ah, tú ________________ Diego, ¿verdad?

3. **Diego:** Y vosotros, ¿de dónde ________________?

   Vega: Roberto y yo ________________ de Salamanca. Laura es de Barcelona.

4

Carmen y Max se presentan. Escribe el diálogo. | Schreibe den Dialog auf. Denke an die Satzzeichen. ▶ Resumen, p. 22/1–3

Carmen	Max
________________	________________
________________	________________
________________	________________

5

Formula las preguntas en español. | Du triffst Roberto und seine Freunde. Formuliere die Fragen auf Spanisch.

1. Woher seid ihr? ________________
2. Ist Laura eine Freundin von Roberto? ________________
3. Vega ist aus Salamanca, nicht wahr? ________________
4. Wie waren die Ferien? ________________
5. Seid ihr alle Freunde von Roberto? ________________

6 Me presento. Completa las frases sobre ti mismo/-a. | Stelle dich vor und ergänze die Sätze über dich selbst.

Mi rincón

¡__________! Me __________ y __________ de __________.

Hablo __________, __________ y __________.

Mi vecino/-a __________ y ella/él __________ de __________. Mis amigos[1] __________: __________, __________ y __________.

1 mis amigos *meine Freunde*

APRENDER MEJOR

7 **Nachschlagen im Buch**

1. Finde heraus, wie die Laute [ɲ] und [tʃ] ausgesprochen werden. Wo hast du die Lösung gefunden? __________
2. Zu Hause machst du eine Übung, bist aber nicht sicher, ob du die Arbeitsanweisung verstanden hast. Wo schlägst du nach, um das herauszufinden? __________
3. Du weißt nicht mehr, wie das Verb *ser* konjugiert wird. Wo findest du das Konjugationsschema? __________
4. Wo findest du Auskünfte über spanische Orte und Personen? __________
5. Wo liegt Salamanca? __________
6. Wo findest du Beispielsätze mit den neuen Vokabeln? __________
7. Finde heraus, was das Wort „salón“ bedeutet, und gib an, ob es maskulin oder feminin ist. __________
8. Schlage nach, was „Eltern“ auf Spanisch bedeutet. Wo hast du die Lösung gefunden? __________

____

1B EN EL INSTITUTO

COMPRENDER EL TEXTO

1 **Pregunta con quién o quiénes y contesta la pregunta (Texto, p. 16) como en el ejemplo.** ▶ Resumen, p. 22/6

Ejemplo: Siempre busca sus cosas. ¿Quién es? –Es Laura.

1. Son amigas. ¿____________________? –____________________.
2. Charlan en el patio. ¿____________________? –____________________.
3. Es la profesora de Historia. ¿____________________? –____________________.
4. Es la estrella en la clase de Inglés. ¿____________________? –____________________.
5. Busca el libro de Historia. ¿____________________? –____________________.
6. Hoy charlan y charlan en la clase de Historia. ¿____________________? –____________________.

VOCABULARIO

2 a **Finde die zehn Wörter zum Thema „Schule" und schreibe sie mit ihrem Artikel auf.**

C	P	R	O	F	E	S	O	R	E
A	C	A	H	Í	E	R	N	O	P
F	C	U	A	D	E	R	N	O	A
E	L	A	U	B	O	L	I	E	T
T	A	L	U	M	N	O	I	R	I
E	S	A	T	E	N	C	I	Ó	O
R	E	O	L	I	B	R	O	D	E
Í	N	R	E	C	R	E	O	D	E
A	I	N	S	T	I	T	U	T	O

____________________ ____________________

____________________ ____________________

____________________ ____________________

____________________ ____________________

____________________ ____________________

b **Verstecke in diesem Buchstabengitter Wörter für deine Mitschüler/innen.**

____________________ ____________________

____________________ ____________________

____________________ ____________________

____________________ ____________________

____________________ ____________________

PRACTICAR

3 a **A elige un nombre, B pregunta. Haced diálogos como en el ejemplo. | Bildet Dialoge und buchstabiert.**

Ejemplo:
–¿Cómo te llamas? –Me llamo Vito Fernández.
–¿Cómo se escribe? –Se escribe V – i – t – o F – e – r –n – á – n – d – e – z.

Gabriela Sánchez
Vicente Etcheverría
Jorge Muñoz
Mercedes Azcárraga

5 **b** **Escucha: ¿Cómo se llaman los nuevos? | Höre zu und notiere die Namen.**

____

____

____

____

4 **Completa las frases con: busca (2 x), charlamos, estudio, hablan, estudias, habláis.** ▶ Los verbos, p. 182

1. Roberto y Diego ______________________ con Laura en el patio.
2. ¿Vosotras siempre ______________________ inglés en la clase de Inglés?
3. En el recreo nosotros siempre ______________________ con los chicos de segundo de ESO.
4. Y tú, ¿con quién ______________________ Historia? –¿Yo? ______________________ con Laura en el recreo.
5. Laura ______________________ el cuaderno y Vega ______________________ los bolis.

5 **Elige el verbo adecuado y completa las frases con la forma correcta. | Wähle das passende Verb aus und setze die richtige Form ein.**

buscar charlar escuchar hablar mirar ser tomar

En la clase de Historia, Carmen ______________________ pero los chicos no ______________________. Vega y Laura ______________________ de las vacaciones. Roberto ______________________ algo y ______________________ con Diego: «¿______________________ (nosotros) algo con las chicas en la cafetería?»

Carmen: Chicos, ya no ______________________ las vacaciones, ______________________ el primer día de clase. Bueno, chicos, hoy ______________________ (nosotros) de la historia de España. Pero, Roberto, ¿qué ______________________? Y tú, Diego, ¿qué ______________________?

Diego: ¿Yo? ______________________ mi cuaderno y mi boli.

Carmen: Vega, Laura, ¿______________________ o no?

Vega: Sí, sí, Carmen, ahora ______________________...

6 Lee las respuestas y escribe las preguntas adecuadas.

1. –¿____________________? –En el instituto Lucía de Medrano.
2. –¿____________________? –¿Nosotras? De Salamanca.
3. –¿____________________? –Vega busca el libro de Historia.
4. –¿____________________? –Son amigas de Diego y Roberto.
5. –¿____________________? –Se dice «Rucksack».

7 a Completa las preguntas y contesta como en el ejemplo. ▶ Resumen, p. 22/6

1. ¿*Eres de Perú*? (Perú)	*No, no soy de Perú. Soy de Colombia.*	Colombia
2. ¿________? (Carlos)	*No, no* ________	Diego
3. ¿________? (la cafetería)	________	mi clase
4. ¿________? (Vega)	________	Laura
5. ¿________? (Inglés y chino)	________	inglés y un poco de francés

b Ahora tú. Prepara un ejercicio como en a para tus compañeros de clase.

¿____________________? ____________________

¿____________________? ____________________

8 En España hablas con un chico. Inventa el diálogo. Escribe el texto en tu cuaderno. ▶ Para comunicarse, p. 191

1. Du begrüßt einen spanischen Jungen.
2. Du sagst, wie du heißt und woher du kommst.
3. Er versteht deinen Namen nicht. Buchstabiere deinen Namen für ihn.
4. Du fragst ihn, wie er heißt.
5. Du fragst ihn, wie es ihm geht.
6. Du sagst, wie es dir geht.

1C EN INTERNET

COMPRENDER EL TEXTO

DELE **1** **a** Marca las frases siguientes con verdadero (V) o falso (F). | Kreuze das richtige Kästchen an. ▶ Texto, p. 19

	V	F
1. Carlitos es vecino de Diego.	☐	☐
2. Roberto y Carlitos preparan los deberes en Bogotá.	☐	☐
3. Carlitos y Diego charlan en Internet.	☐	☐
4. Diego no contesta los mensajes de Sandra.	☐	☐
5. Diego aprende a tocar la guitarra.	☐	☐
6. Carlitos no comprende mucho los vídeos en inglés.	☐	☐

b Corrige las frases falsas de a.

____

____

____

____

VOCABULARIO

2 **a** Diego schreibt seinen Freunden in Kolumbien eine E-Mail. Unterstreiche das passende Wort.

Para: Sandra; Carlitos
Asunto: :-))

¡(Adiós / Hola / Gracias), chicos!

¿Qué tal? Aquí en Salamanca muy bien. Hoy es (mi / tu / de) primer día de clase en el Instituto Lucía de Medrano. En Salamanca (soy / estudio / charlo) segundo de ESO. Mi (vecino / amigo / vecina) Laura estudia (no / siempre / también) aquí. En la clase de Inglés, Roberto, mi (alumno / amigo / chico), es la estrella. Menos mal (de / para / con) mí, con él aprendo mucho, habla (fatal / muy bien / muy mal) inglés. Vega y Roberto son de Salamanca, (pero / también / para) Laura no, ella es de Barcelona, por eso[1] habla catalán y español. Aquí mando[2] fotos (en / para / de) ellos.

(Hola / ¡Hasta pronto! / ¿Qué tal?)

Diego

1 por eso *deshalb* 2 mando *ich schicke*

6 **b** ¿Es correcto? Escucha y revisa tus respuestas. | Höre zu und überprüfe deine Antworten.

3 ¿También pasas mucho tiempo en Internet? Forma parejas.

[1] compartir [2] pasar mucho tiempo en [3] buscar [4] recibir [5] charlar [6] leer

☐ en el chat ☐ mensajes ☐ información ☐ fotos y vídeos ☐ Internet ☐ páginas en Internet

PRACTICAR

4 **Conjuga los verbos. | Konjugiere die Verben.** ▶ Los verbos, p. 182

leer	comprender	recibir	escribir
______	______	______	______
______	______	______	______
______	______	______	______
______	______	______	______
______	______	______	______
______	______	______	______

5 **Completa la tabla con la forma plural o singular.**

1. estudio	estudiamos	6. ______	comparten
2. ______	leéis	7. estudias	______
3. escribe	______	8. ______	leemos
4. ______	hablamos	9. escribes	______
5. ______	comprendemos	10. ______	charlan

6 **Elige el verbo adecuado y completa las frases con la forma correcta. | Wähle das passende Verb aus und setze die richtige Form ein.**

escribir recibir compartir leer contestar preguntar vivir comprender

1. Carlitos y Sandra ______ en Bogotá, en Colombia.
2. Los chicos ______ música y vídeos con Diego.
3. Sandra siempre ______ mensajes a Diego.
4. Diego ______ los mensajes de Sandra, pero no ______.
5. Carlitos ______: Hola, Diego, ¿no ______ los mensajes de Sandra?
6. En la clase de Inglés, (nosotros) ______ un libro.
7. El profesor siempre ______: Chicos, ______ todo, ¿verdad?
8. Carlitos: Yo no ______ todo, sólo un poco.

7 Chatea en español. | Vervollständige das Chatgespräch mit Ángel. Suche dir einen Namen für den Chat.

Chat

Ángel_Medellín: ¿Dónde vives?

_____________________ : _____________________

Ángel_Medellín: ¿Qué lenguas hablas?

_____________________ : _____________________

Ángel_Medellín: Yo hablo español y un poco de inglés. ¿Dónde estudias?

_____________________ : _____________________

Ángel_Medellín: En el colegio Simón Bolívar. ¿Pasas mucho tiempo en Internet?

_____________________ : _____________________

Ángel_Medellín: Sí, mucho tiempo. Mi hermano estudia y vive en California, y siempre chateo con él.

_____________________ : _____________________

Ángel_Medellín: Hermano significa «brother» en inglés. ¿Cómo se dice «hermano» en alemán?

_____________________ : _____________________

ESPAÑA EN DIRECTO

8 Suche folgende Informationen:

1. Was heißt Jugendherberge auf Spanisch? _____________________
2. Mit welchen Verkehrsmitteln gelangt man dorthin? _____________________
3. Welche Wörter verstehst du noch? _____________________

____

AUTOCONTROL 1

Lösungen auf S. 100

1 **Satzzeichen. Ergänze die Sätze und achte auf Akzente und umgekehrte Frage- und Ausrufezeichen.**

1. ¿Cómo ____________? – ____________ Felipe.
2. ¡Hola ____________ Anabel! ____________ Y tú? ____________ Nuria.
3. Él ____________ Ramiro. ____________ Y cómo ____________ ella?
4. Hola ____________ Roberto. ¿Y ____________ te llamas tú?

2 **Dein Freund Lasse sucht Freunde in Spanien. Formuliere auf Spanisch, was er schreiben will.**

Ich bin Lasse. Ich bin aus Memmingen. Ich spreche Deutsch, Englisch, Französisch und ein wenig Spanisch. Meine Freunde sind von hier, aber Amalia nicht, sie ist aus Spanien, aus Madrid. Ich suche Freunde im Internet.

____

____

____

____

3 **Die Satzstellung. | Escribe las frases.**

1. Valladolid. / María. / Esta es / Es / de ____________
2. Él / ella / es / es / y / Rosa. / Juan ____________
3. son / Madrid / de / . / Todos ____________
4. de / . / Mi vecino / es / México ____________
5. Se llama / Perú / Él / Francisco / es / de / . / . ____________

4 **Das Verb ser. | Completa.**

1. Esta ____________ Julia.
   ____________ de España.
2. [Yo] ____________ de Frankfurt.
3. [Él] ____________ el vecino de Sonja.
4. [Nosotros] ____________ amigos de Carla.
5. Ellos ____________ Miguel y Pablo.
   ____________ de Chile.

5 **Die Verben auf -ar, -er, -ir. | Completa las frases con la forma correcta de los verbos.**

1. [Yo] h____________ español y también inglés.
2. Y tú, ¿también e____________ en el Instituto Lucía de Medrano?

3. Diego no l____________________ los mensajes de Sandra.

4. Carlitos y yo c____________________ fotos en Internet.

5. Y vosotros, ¿a____________________ a tocar la guitarra?

6. Las chicas e____________________ mensajes para Diego y Roberto.

6

Redemittel. Suche die Wörter, mit denen du sagen kannst, wie es dir geht, und ordne sie von sehr gut bis schlecht.

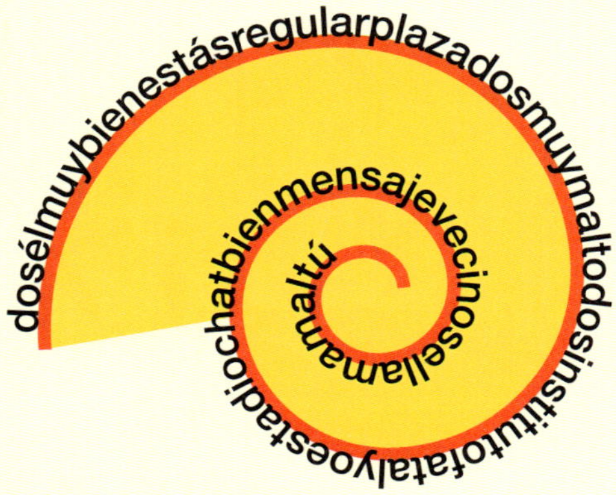

☺	☹
__________	__________
__________	__________
__________	__________
__________	__________
__________	__________
__________	__________

7

Die Verneinung. Beantworte die Fragen wahrheitsgemäß.

Ejemplo: No, no hablo danés. Hablo alemán.

1. –¿Hablas quechua? –____________________

2. –¿Te llamas Pancho? –____________________

3. –¿Eres de Perú? –____________________

4. –¿Tu vecino es Diego? –____________________

5. –¿Recibes mensajes de Jennifer? –____________________

8

Fragen. Formuliere die passenden Fragen.

1. –Esta es mi vecina. –¿____________________?
   –Corinna.

2. –¡Mira, es tu vecino! –¿____________________?
   –Es de Bogotá.

3. –El alemán es difícil pero estudio con Pili y Jorge. –¿____________________?
   –Son amigos del instituto.

4. –Ya no vivo en Barcelona. –¿____________________?
   –Ahora vivo en Madrid.

¡ACÉRCATE!

ESCUCHAR

7 1 Escucha y escribe el número a cada corredor. | **Hör zu und schreibe die richtige Zahl auf die Trikots.**

▶ Los números, p. 178

PRACTICAR / HABLAR

DELE **2 a** Haz entrevistas con tres compañeros de clase y apunta las respuestas. | **Führe Interviews mit drei Mitschülern/-innen und notiere ihre Antworten.**

	1	2	3
¿Cómo te llamas?			
¿Cuántos años tienes?			
¿Dónde vives?			
¿Cuál es tu número de teléfono?			
¿Quiénes son tus amigos?			
¿Qué música escuchas?			

b ¿Quién es? | **Stelle eine/n Mitschüler/in vor, ohne den Namen zu nennen. Dein/e Nachbar/in rät, um wen es sich handelt.**

Vive en…

Sus amigos[1] son…

1 sus amigos *seine/ihre Freunde*

2A EN EL PISO DE ROBERTO

COMPRENDER EL TEXTO

DELE **1** **¿Correcto o falso? Corrige las frases falsas. | Stelle die Sätze richtig, sofern nötig.** ▶ Texto, p. 30

	V	F
1. Roberto y Diego tienen ganas de ver una película.	☐	☐
2. Los padres de Roberto no están en casa.	☐	☐
3. En el salón, Diego mira una fotografía de la familia de Roberto.	☐	☐
4. Roberto tiene tres hermanos.	☐	☐
5. El hermano de Roberto no está en casa.	☐	☐
6. Adrián y su novia tienen ganas de estar en casa.	☐	☐
7. Roberto tiene una habitación para él.	☐	☐
8. Roberto y Diego ven la película.	☐	☐

____

____

____

____

PRACTICAR

2 **a** **Lee el texto (p. 30) y completa la tabla. | Lies den Text auf S. 30 und vervollständige die Tabelle.** ▶ Resumen, p. 42/7

	el libro	la película	los libros	las películas
[yo]	______	______	______	**mis** películas
[tú]	**tu** libro	______	______	______
[él/ella]	______	______	______	**sus** películas
[nosotros/-as]	**nuestro** libro	______	**nuestros** libros	______
[vosotros/-as]	**vuestro** libro	______	______	**vuestras** películas
[ellos/ellas]	______	**su** película	______	______

b **Roberto habla de su familia. Completa con los determinantes posesivos.**

Tengo una hermana y un hermano. ______ hermana Alba siempre busca algo: ______ mochila, ______ libros, ______ películas. ______ hermano Adrián y yo compartimos una habitación. Él siempre tiene ganas de estar en casa con ______ novia Carla. Pasan mucho tiempo en Internet: charlan con ______ amigos, comparten ______ fotos y vídeos. Siempre están en ▶

__________ habitación. ¡Qué rollo!

__________ padres pasan mucho tiempo en casa de __________ abuelos: «Hijos, hoy no llegamos a casa. __________ cena está en la cocina».

3 **Adrián presenta a su familia. ¿Qué dice? | Adrián stellt seine Familie vor. Was sagt er?**

____

____

____

4 **¿Qué contesta Roberto? ¿Dónde está?** ▶ Resumen, p. 41/2

__________ __________ __________

__________ __________ __________

5 **¿Qué forma del verbo tener falta en las frases?** ▶ Los verbos, p. 184

1. [Yo] __________ dos hermanos.
2. ¿Cuántos hermanos __________ [tú]?
3. Mi hermano __________ una novia, se llama Carla.
4. [Nosotros] __________ una habitación para los dos, es un rollo.
5. ¿No __________ [vosotros] ganas de ver una peli en mi casa?
6. Los chicos no __________ ganas de estar en casa.

6 Formula seis frases con **ser** y seis frases con **estar**. ▶ Los verbos, p. 181

Mi música favorita, Vega y Laura, [yo], Mis amigos, Roberto, Los amigos, Mi número de teléfono, La tele, [Nosotros], Diego, [tú], Los chicos, [Vosotros], Los profesores, Los padres de Roberto

estar

ser

el vecino / la vecina de…, en el salón., en la cocina., de Salamanca., en la cafetería del instituto., en la Plaza Mayor., de Bogotá, ¿verdad?, el amigo / la amiga de…, en casa., en el instituto., el rap / el rock / el pop., con los abuelos., el hermano / la hermana de…, …

ser	estar
Somos de Salamanca.	______
______	______
______	______
______	______
______	______
______	______

7 Diego habla con Roberto. Completa con la forma correcta de **tener**, **estar** o **ser**. ▶ Los verbos, p. 181, 184

Diego: Oye, Roberto, ¿cuántos años ______ tus hermanos?

Roberto: Alba ______ diez años, y Adrián ______ dieciocho.

Diego: Y la chica, Carla, ¿quién ______? ¿La novia de tu hermano?

Roberto: Sí. Siempre ______ (ellos) ganas de ______ en casa, en mi habitación. Y Alba siempre ______ también. ¡______ un rollo!

Diego: Bueno, ______ con la familia a veces no ______ fácil… ¿Por qué no vemos la peli en mi casa? Yo ______ una habitación para mí. Y la tele ______ en mi habitación.

Roberto: Bueno, ahora no ______ tiempo: espero visita de mis abuelos. ¿Vemos la peli mañana?

Diego: Pues, no sé. Mañana tú y yo ______ clase, y después[1] yo ______ en casa de Vega. Preparamos los deberes de Inglés. Oye, Roberto, en la clase de Inglés tú ______ la estrella… ¿no ______ ganas de preparar los deberes con nosotros?

1 después *danach*

2B Y TÚ, ¿TIENES TU ESPACIO?

COMPRENDER EL TEXTO

DELE **1** **Marca la frase correcta. | Kreuze den jeweils richtigen Satz an.** ▶ Texto, p. 34–35

1. Cristina
   [a] comparte habitación con su hermano pequeño.
   [b] tiene una habitación propia.
2. Para Cristina, compartir la habitación es
   [a] fácil.
   [b] un rollo.
3. El hermano pequeño de Cristina
   [a] esconde su diario y sus DVDs.
   [b] es muy curioso.
4. Para Adrián,
   [a] compartir la habitación a veces es difícil.
   [b] Roberto y él son muy diferentes, pero no tienen problemas.
5. Adrián pasa mucho tiempo en la habitación.
   [a] Estudia mucho.
   [b] Escucha música y toca la guitarra.
6. Diego
   [a] comparte habitación con sus hermanas.
   [b] no comparte habitación.
7. Para los amigos de Diego,
   [a] la habitación de Diego es muy pequeña.
   [b] Diego tiene una habitación interesante.
8. A veces Diego tiene problemas con sus hermanas pero
   [a] no hablan con él.
   [b] son muy divertidas.

VOCABULARIO

2 **¿Por qué entiendes estas palabras?** ▶ Wörter erschließen, p. 159

	verbo	adjetivo	sustantivo	¿Por qué comprendo la palabra?	necesito un diccionario
difícil		✘		francés: *difficile*, inglés: *difficult*	
necesitar					
el mundo					
posible					
la estantería					
la mesa					
interesante					
el problema					
diferente					
estar solo					
curioso					
el diario					

3 **Busca las palabras en el texto, p. 34/35.**

4 Describe la habitación de Carlitos. Usa:

a la derecha de   a la izquierda de   al lado de   detrás de   delante de   debajo de   en   encima de

ESCUCHAR

5 ¿Qué hay en la habitación de Sandra? Escucha y dibuja. | Welche Möbelstücke gibt es in Sandras Zimmer? Hör zu und zeichne die Möbelstücke mit Pfeilen an die entsprechenden Stellen. ▸ Resumen, p. 41/2–5

Libros de Sandra

Libros de Daniel

PRACTICAR

6 Completa los diálogos con la forma correcta de los adjetivos. ▸ Resumen, p. 41/5

1. –Los deberes para mañana son muy ______________ (fácil).
   –Para mí, son muy ______________ (difícil).
2. –Oye, Alba es muy ______________ (divertido/-a), ¿no?
   –¡Y además es muy ______________ (curioso/-a)!
3. –El chico al lado de Roberto es ______________ (nuevo/-a) aquí, ¿verdad?
   –Sí, y es ______________ (genial): ¡es de Bogotá!

4. –Las historias de Diego son bastante ______________ (aburrido/-a).

–Nooooo, ... para mí, son muy ______________ (interesante).

5. –Nuestro piso es bastante ______________ (pequeño/-a).

–Pero, ¡tenéis un balcón muy ______________ (grande)!

6. –Mi música ______________ (favorito/-a) es el flamenco y mi grupo ______________ es Chambao.

7 **Diego contesta las preguntas de sus amigos de Bogotá. ¿Qué escribe? Puedes usar:**

muy bastante demasiado	aburrido/-a, bonito/-a, bueno/-a, curioso/-a, diferente, difícil, divertido/-a, fácil, favorito/-a, genial, grande, interesante, nuevo/-a, pequeño/-a, propio/-a

1. El instituto es ______________
2. ¿Salamanca? La ciudad es ______________
3. Las fiestas aquí son ______________
4. Mis amigos son ______________

ESPAÑA EN DIRECTO

8 **Subraya las expresiones en el texto. | Unterstreiche die Ausdrücke im Text.**

ältere Schwester | wir verstehen uns sehr gut | es ist nervig | eine Menge, sehr viel | der Streit

Louise, 14 años:
Un espacio que habla de mí

Mi hermana mayor tiene 22 años. Compartimos la habitación, pero nos entendemos superbién. A veces es un poco pesado y hay pelea, sobre todo cuando ella quiere escuchar música a todo volumen y yo tengo que estudiar, pero normalmente llegamos siempre a un acuerdo. Ella tiene en su lado muchas cosas de África, con pósteres y su cama. Mi lado de la habitación habla de mí. En él están mis cosas favoritas. En la pared hay una camiseta de baloncesto con mi nombre. Es un regalo de mi hermano y mi hermana. A la izquierda de la mesa, están mis fotos –tengo un montón de fotos, de la familia, de los amigos, de las vacaciones–, mis cosas y libros para pintar.

según: Okapi 52/2009

2C ¿AMIGO DE TUS AMIGOS?

COMPRENDER EL TEXTO

1 **Completa el texto.** | **Manchmal gibt es mehrere Möglichkeiten!** ▶ Texto, p. 38

Un/a amigo/-a ideal, para mí, comparte los momentos ______________ conmigo y siempre ______________ mis problemas. Siempre tiene tiempo para hablar ______________. ______________ mucho tiempo juntos: ______________ en una cafetería o en casa, ______________ deporte, preparamos ______________ y vemos ______________. Con mi mejor ______________ ______________ todo.

PRACTICAR

2 **Formula frases o preguntas.** | **Formuliere Sätze oder Fragen. Verwende die Präposition a, falls nötig.** ▶ Resumen, p. 42/6

[Nosotros/-as]	*escribir*	la música
¿[Tú]?	*ver*	los amigos
Vega	*escuchar*	los hijos
¿[Vosotros/-as]?	*buscar*	los padres
Roberto y Diego	*esperar*	el libro de español
[Yo]	*esconder*	el regalo
		los abuelos
		el mensaje
		los problemas
		la gorra
		el diario
		el hermano
		el DVD
		Laura
		la profesora
		la película

____

____

____

____

____

____

____

3 **Vervollständige die Sätze mit der angegebenen Konjunktion und der entsprechenden Form des Personalpronomens.**

1. Feliz cumpleaños[1], Laura. Tengo un regalo ______________ (para / tú). –¿Un regalo ______________ (para / yo)? ¿Qué es, un DVD? ¡Qué sorpresa! ▶

2. Oye, Roberto, tus padres siempre comprenden tus problemas. ¿Por qué no hablas ____________ (con / ellos)? –Pues, no sé. Prefiero hablar ____________ (con / tú). Tú eres mi mejor amigo.
3. ¿Qué quieres ____________ (de / yo)?
4. Tu abuela es muy curiosa. Hablas ____________ (con / ella) y quiere saber todo.
5. Somos tus mejores amigos. ¿Por qué no hablas ____________ (con / nosotros)?
6. ¿Por qué no quieres hablar ____________ (con / yo)?
7. Raúl es muy aburrido. ¿Qué piensas ____________ (de / él)?

1 Feliz cumpleaños *Herzlichen Glückwunsch zum Geburtstag*

4 Apunta seis actividades. Después formula frases con el verbo querer. ▶ Resumen, p. 42/8

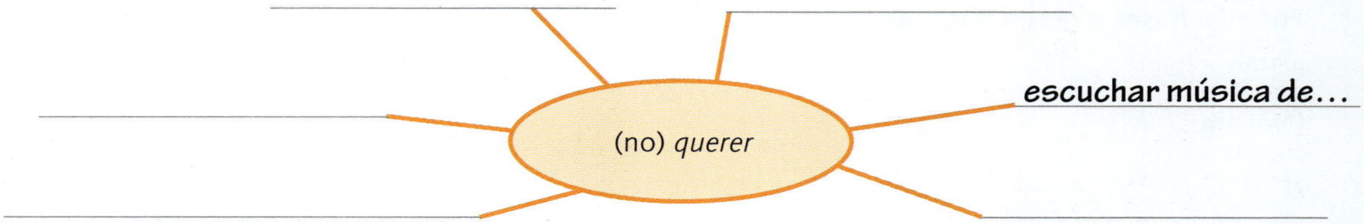

1. [yo] ____________ ____________
2. [tú] ____________ ____________
3. Vega ____________ ____________
4. [nosotros] ____________ ____________
5. [vosotros] ____________ ____________
6. Los chicos ____________ ____________

5 a Completa las frases con la forma correcta de los verbos. ▶ Los verbos, p. 182, 184

1. ¿Quedamos en la Plaza Mayor? –No, ____________ (*preferir* / yo) quedar en casa.
2. Laura y Vega, ¿qué ____________ (*preferir*)? ¿Ver una peli o escuchar música?
3. Tengo un problema en el instituto. ¿Qué ____________ (*hacer* / yo)? ¿Hablo con la profesora?
4. Mi hermana no habla conmigo. ¿Qué ____________ (*pensar* / ella)? No sé.
5. Adrián estudia mucho. Siempre ____________ (*hacer*) los deberes solo.
6. ¿Mañana? No tenemos tiempo mañana. ____________ (*querer* / nosotros) hacer una fiesta sorpresa para mi hermana.

b Ahora tú. Prepara en tu cuaderno un ejercicio con los verbos **querer**, **preferir**, **pensar**, **hacer** y **tener** para tus compañeros de clase.

No hago deporte. → No ______________________ (*hacer* / yo) deporte.

No tenemos clase hoy. → No ______________________ (*tener* / nosotros) clase hoy.

ESCUCHAR

9 **6** Escucha y apunta el nombre: ¿qué quieren ver Laura y Vega? ¿Qué peli prefiere Diego?

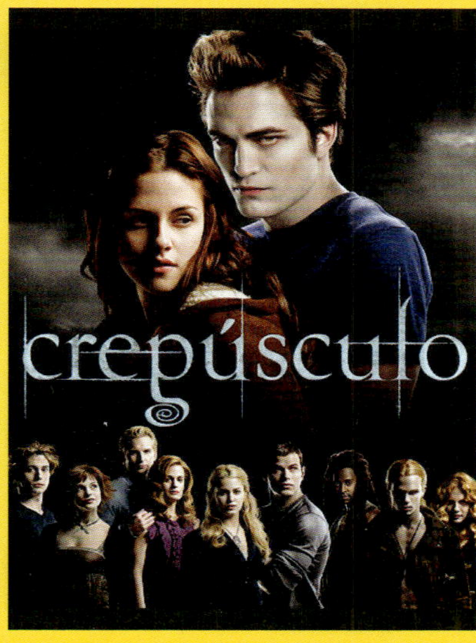

______________________ ______________________ ______________________

7 Haced el tándem de la página 93.

DELE **8** ¿Cómo es tu mundo? | Schreibe über dich, deine Freunde, deine Familie …

Mi rincón

Mi familia es… ______________________

Tengo una habitación… ______________________

AUTOCONTROL 2

Lösungen auf S. 100

1 **Zahlen.** | **Escribe los números de teléfono.**

1. 605564321 *6/05/56/43/21 = seis – cero cinco – cincuenta y seis – cuarenta y tres – veintiuno*

2. 608347294 ______________________________

3. 602012279 ______________________________

2 **Redemittel.** | **Ordne die Wörter und schreibe die Sätze.**

1. soy / Hola / , / Vega. ______________________________

2. apellidos / Mis / Martín González / son / . ______________________________

3. catorce / años / . / Tengo ______________________________

4. en / . / Avenida de Mirat / Vivo / la / 43 ______________________________

5. el / Mi / . / teléfono / de / 6-05-88-83-52 / número / es ______________________________

____

6. se / Laura y Roberto / Mis / . / amigos / llaman ______________________________

____

7. favorita / banda / Chambao / es / . / Mi ______________________________

3 **Präpositionen.** | **Roberto sucht seine Sachen. Hilf ihm.**

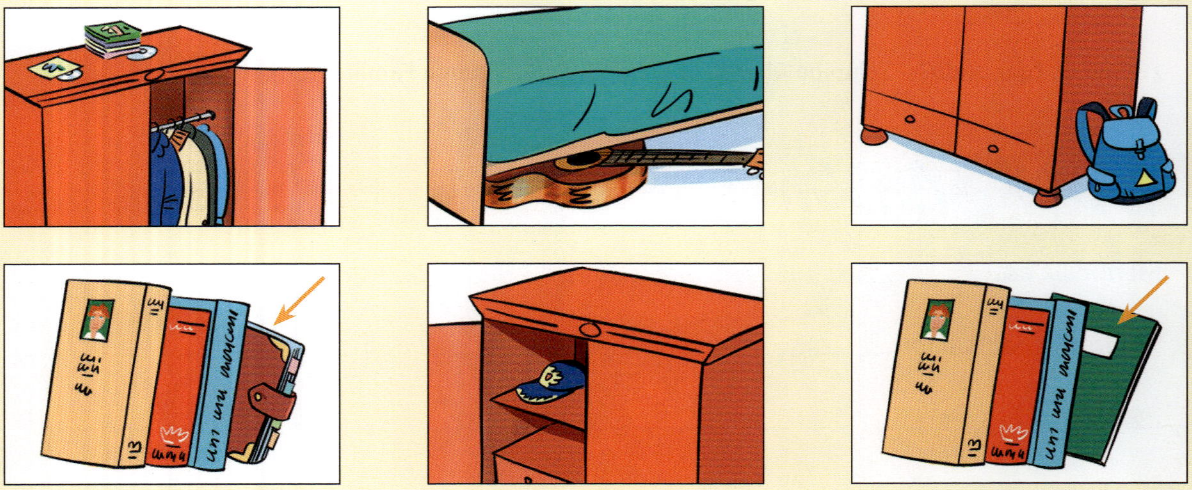

1. ______________________________

2. ______________________________

3. ______________________________

4. ______________________________

5. ______________________________

6. ______________________________

4 **Hay** und **estar**. | Compara los dibujos y busca las cinco diferencias.

En B la gorra no está encima de la cama, está...

5 **Adjektive.** | Completa con el artículo y la forma correcta del adjetivo.

1. ________ fiesta es ____________________ (divertido/-a).
2. ________ preguntas son ____________________ (fácil).
3. ________ fotos son muy ____________________ (bueno/-a).
4. A veces pasamos momentos bastante ____________________ (aburrido/-a).
5. ______________ habitaciones son ____________________ (grande).

6 **Verben mit Stammwechsel (e → ie) und hacer.** | Conjuga los verbos.

	querer	preferir	pensar	tener	hacer
[yo]					
[tú]					
[él/ella]					
[nosotros/-as]					
[vosotros/-as]					
[ellos/-as]					

¿QUÉ HORA ES?

¡ACÉRCATE!

COMPRENDER EL TEXTO

1 **Completa la tabla con la información del texto.** ▶ Texto, p. 46

	¿Quién? / ¿Qué?	¿A qué hora?
1. Llega de Zamora.		
2. Está en su habitación.		
3. Cierra en quince minutos.		
4. Busca una librería.		
5. Empieza en cinco minutos.		
6. Llega a casa.	Roberto	
7. Él habla con Roberto.		A las once

PRACTICAR

2 **¿Qué hora es? Apunta la hora. | Wie spät ist es? Notiere die Uhrzeit.** ▶ Resumen, p. 59/1

1.  ______
2.  ______
3.  ______
4.  ______
5.  ______
6.  ______
7.  ______
8.  ______

ESCUCHAR

10 **3** **Escucha y apunta la hora como en el ejemplo. | Höre zu und notiere die Uhrzeit wie im Beispiel.** ▶ Resumen, p. 59/1

1 

2 

3 

4 

5 

6 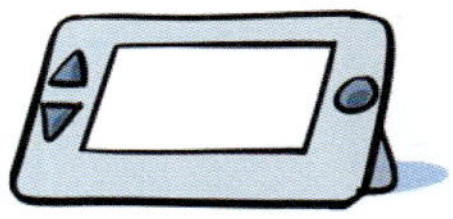

7 

8 

9 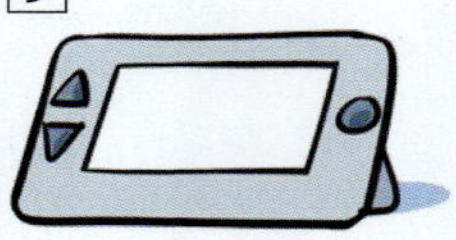

3A ¿QUÉ HACEMOS?

COMPRENDER EL TEXTO

1 **Lee el texto y escribe el nombre. | Lies den Text und ergänze den Namen.** ▶ Texto, p. 48

1. ____________ quiere ir al cine.
2. ____________ no tiene ganas de bailar.
3. ____________ no quiere ir a la bolera.
4. ____________ quiere ir a una fiesta.
5. ____________ quiere ir al centro comercial.
6. ____________ no tiene dinero.
7. ____________ quiere ir con Cristina a la bolera.
8. ____________ quiere ir al centro cultural.

2 **¿Qué contestan los chicos a las propuestas? Busca las respuestas en el texto, p. 48. | Was antworten die Jugendlichen auf die Vorschläge? Suche die Antworten im Text, S. 48.** ▶ Resumen, p. 59/2

1. ¿Vamos al centro comercial? ____________
2. ¿Quién quiere ir a la bolera? ____________
3. ¿Por qué no vamos al cine? ____________
4. ¿Vamos al centro cultural? ____________
5. Voy a la bolera. ¿Vienes conmigo? ____________

PRACTICAR

3 **a** **Marca en la sopa de letras las formas del verbo venir y apúntalas.** ▶ Los verbos, p. 184

b **Vier Formen eines Verbs, das ähnlich wie venir konjugiert wird, verstecken sich ebenfalls in dem Gitter. Welche? Wie lauten die fehlenden Formen?**

v	e	n	i	m	o	s	a
e	v	i	e	n	e	s	v
n	i	x	t	i	e	n	e
g	e	v	i	e	n	e	n
o	n	t	e	n	g	o	í
l	e	e	r	l	e	e	s
o	t	i	e	n	e	s	o
s	t	e	n	e	m	o	s

[yo] ____________ ____________

[tú] ____________ ____________

[él/ella] ____________ ____________

[nosotros/-as] ____________ ____________

[vosotros/-as] ____________ ____________

[ellos/-as] ____________ ____________

4 **Completa el texto con una forma de venir, ir y tener que.** ▶ Los verbos, p. 184

1. En la plaza, Roberto habla con Cristina: Hola, ¿adónde ____________? ¿A casa?
2. –No, ____________ a la bolera. ¿____________ conmigo?

▶

3. Roberto: Bueno…, pero ______________ estar en casa a las siete.

4. Diego, Vega y Laura miran a los dos: Oye, Roberto, ______________ (nosotros) hablar.

5. Roberto: ¿Por qué ______________ (vosotros) hablar conmigo?

6. Vega: Porque no quieres ir a la bolera, pero llega Cristina y… ¡______________ juntos a la bolera!

7. Cristina: Y, ¿por qué no ______________ (vosotros) también? ______________ (nosotros) juntos.

8. Pero de repente, Diego ______________ ir a la librería. Laura y Vega ______________ juntas a casa.

5 **Cristina habla con Vega. Formula sus preguntas. Imagina también las respuestas de Vega.** ▶ Resumen, p. 59/3

	¿Por qué	(tú) no *ir* al cine con nosotros? Roberto no *querer* ir al cine? (vosotros) siempre *estar* juntos en la plaza? Diego siempre *escuchar* música de Colombia?	Porque…	

1. ____.

2. ____.

3. ____.

4. ____.

ESCUCHAR

11 **6** **Escucha a Cristina y completa el texto.**

________ ________ ____ ir esta tarde al centro cultural, pero ____ ________ no tiene tiempo y yo ____ ________ ____ ____. Quiero ir con Roberto, pero él ________ ____ con Diego y las chicas, Laura y Vega. Es ____ ____ ________, yo tengo ganas de ir con Roberto, pero ____ ____ ____ ________. Los cuatro ____ ____ ____ ________ ____ ____ y pasan ________ ________ juntos. Siempre están en la plaza, charlan y ________ ________. ¿Qué hago? Pues… tengo una idea… ____ ________ ________ también ____ ____ ________, veo ____ ________ y pregunto: «Roberto, ¡qué ________! ¿Qué haces aquí? Mira, yo voy ____ ________ ________, ¿________ ________?» Pero… no sé… ¿____ a la plaza o no? ¿________ con Roberto o no? ¡____ ________!

3B UN REGALO PARA SANDRA

COMPRENDER EL TEXTO

1 **Marca la frase correcta. | Kreuze den richtigen Satz an.** ▶ Texto, p. 51

1. ☐ Sandra vive en Bogotá y echa de menos a sus amigos en Salamanca.
   ☐ Diego vive en Salamanca, pero a veces echa de menos a sus amigos de Bogotá.
2. ☐ Diego quiere buscar con Carlitos un regalo para Sandra en Internet.
   ☐ Diego quiere comprar un regalo para su amiga Sandra de Bogotá.
3. ☐ Diego llama a Roberto, pero él no tiene tiempo porque tiene que ir a casa de sus abuelos.
   ☐ Diego llama a Vega y Roberto, pero los dos no pueden quedar con él.
4. ☐ Laura y Diego quedan a las seis en la plaza para buscar un regalo.
   ☐ Laura y Diego quedan a las seis y veinte en casa de Laura.
5. ☐ Sandra es tímida, alegre y divertida. Siempre cuenta cosas. También es muy deportista.
   ☐ Sandra es deportista, alegre y supermaja, pero es un poco tímida con los amigos.
6. ☐ El cumpleaños de Sandra es en dos semanas, es el 27 de enero.
   ☐ Diego quiere mandar un mensaje a Sandra porque su cumpleaños es mañana.
7. ☐ Diego quiere comprar un cedé de flamenco porque es la música favorita de Sandra.
   ☐ Laura tiene una idea para un regalo: una camiseta con una rana, pero Diego también tiene una idea.

VOCABULARIO

2 **Haz el crucigrama. | Löse das Kreuzworträtsel.**

1. siempre ≠ [?]
2. –¿[?] es el cumple de Sandra? –El 27 de enero.
3. majo = [?]
4. Para [?] algo necesitas dinero.
5. Sandra siempre va en [?].
6. El [?] los chicos siempre van al estadio.
7. Diego tiene amigos en España, pero [?] a Sandra.
8. hoy ≠ [?]
9. Sandra no lee mucho. [?] un libro no es un regalo para ella.
10. Laura quiere comprar una [?] para Sandra.

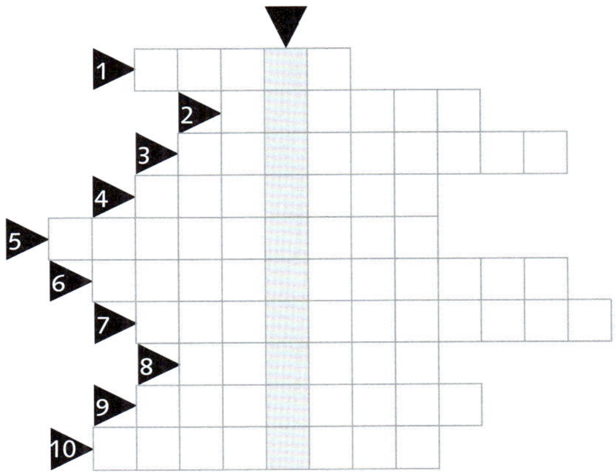

3 **Busca los meses en la sopa de letras. Escribe los meses al lado. | Welcher Monat fehlt?** ▶ Los meses, p. 179

a	d	b	a	h	n	j	u	l	i	o	f
ñ	i	a	g	o	o	c	t	u	b	r	e
o	c	l	o	t	v	m	e	s	e	s	b
s	i	d	s	t	i	m	a	r	z	o	r
s	e	p	t	i	e	m	b	r	e	h	e
d	m	o	o	x	m	h	o	t	r	r	r
í	b	t	ú	a	b	r	i	l	y	e	o
a	r	m	í	o	r	a	e	r	m	g	b
s	e	x	e	n	e	r	o	o	i	a	o
c	u	m	p	l	e	a	ñ	o	s	l	l
j	u	n	i	o	m	i	n	u	t	o	i

PRACTICAR

4 **Escribe la respuesta o la pregunta adecuada. | Schreibe die passende Antwort oder Frage.** ▶ Los verbos, p. 183

1. *¿volver* a casa?

2. no *poder* ir a casa porque…

3. *contar* cosas divertidas

4. *poder* ir en bici

5. *volver* mañana

6. no *poder* porque…

1. ____.
2. ____.
3. ____.
4. ____.
5. ____.
6. ____.

5 **Cuenta: ¿Qué quieren / no pueden / tienen que hacer los chicos esta tarde?** ▶ Los verbos, p. 182–184

querer *tener* que *tener* ganas de *preferir* no *poder*	escuchar música a todo volumen hacer los deberes comprar un regalo ir al cine con los amigos volver a casa quedar en la plaza con los amigos estudiar comprar una bicicleta tocar la guitarra ver la tele mandar mensajes ir a la librería leer __________

1. *Paco tiene ganas de tocar la guitarra, pero no puede porque tiene que* ____________.

2. ____________.

3. ____________.

4. ____________.

5. ____________.

6 **Haced el tándem, p. 94.**

7 **Describe a Andrés y Sara: ¿cómo son? Escribe el texto en tu cuaderno.** ▶ Para comunicarse, p. 201

ser	un poco bastante muy	majo/-a, curioso/-a, deportista, tranquilo/-a, alegre, egoísta, tímido/-a, gracioso/-a, simpático/-a

Sara Andrés	siempre a veces nunca	quiere tiene que prefiere va	_____

ESCUCHAR

12 **8** **Escucha los diálogos: ¿quién queda con quién? ¿Dónde? ¿A qué hora?** ▶ Resumen, p. 59/4

¿Quiénes quedan?	¿Dónde quedan?	¿A qué hora?
_____	_____	_____
_____	_____	_____
_____	_____	_____

Lola

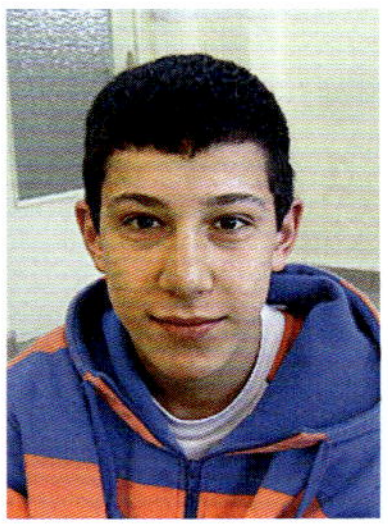
Miguel

Mercedes

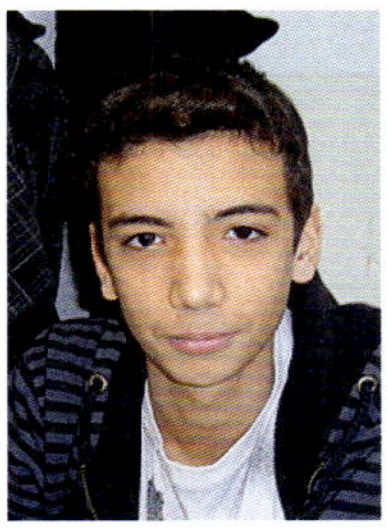
Luis

Carla

Jesús

3C ¡HOY ES MI CUMPLE!

COMPRENDER EL TEXTO

1 **Contesta las preguntas con la información del texto.** ▶ Texto, p. 55–56

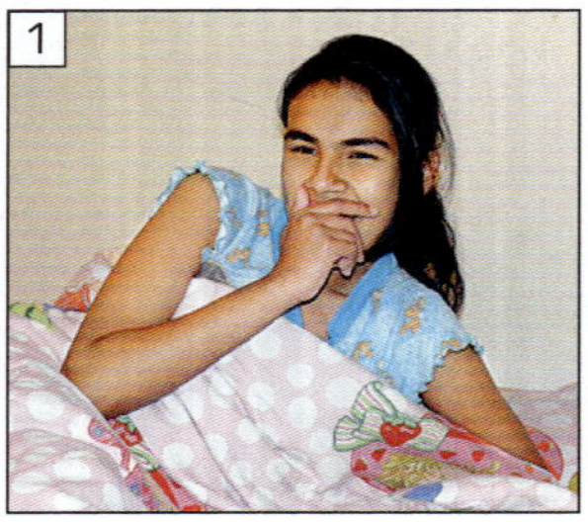

1. ¿Qué día? ______
   ¿Qué hora es? ______
   ¿Quién? ______
   ¿Qué hace? ______
2. ¿Quiénes? ______
   ¿Dónde están? ______
   ¿Qué dice[1] el padre? ______
3. ¿Dónde están? ______
   ¿Quiénes? ______
   ¿A qué hora empiezan las clases? ______
   ¿Qué dice[1] la chica? ______
4. ¿Dónde? ______
   ¿De quién es el regalo? ______
   ¿Qué tiene que hacer Sandra? ______

1 ¿Qué dice? *Was sagt sie/er?*

PRACTICAR

2 a **Jugad en parejas con dos dados y apuntad los verbos.** ▶ Resumen, p. 60/6

⚀ [yo]	⚃ [nosotros/-as]	⚀ levantarse	⚃ acordarse
⚁ [tú]	⚄ [vosotros/-as]	⚁ ponerse	⚄ despertarse
⚂ [él/ella]	⚅ [ellos/ellas]	⚂ irse	⚅ verse

b **Escribe las frases: ¿qué dicen? | Was sagen die Personen?**

1. *acordarse*

2. ¿por qué no / *ponerse*?

3. ¿por qué no / *levantarse*?

4. *verse* mañana

5. ¿ya / *irse*?

6. siempre / *despertarse* (ellos) por la noche

1. ______________________________.

2. ______________________________.

3. ______________________________.

4. ______________________________.

5. ______________________________.

6. ______________________________.

3 Ordena los verbos en la tabla. | Ordne die Verben der passenden Verbgruppe zu. ▶ Los verbos, p. 182–183

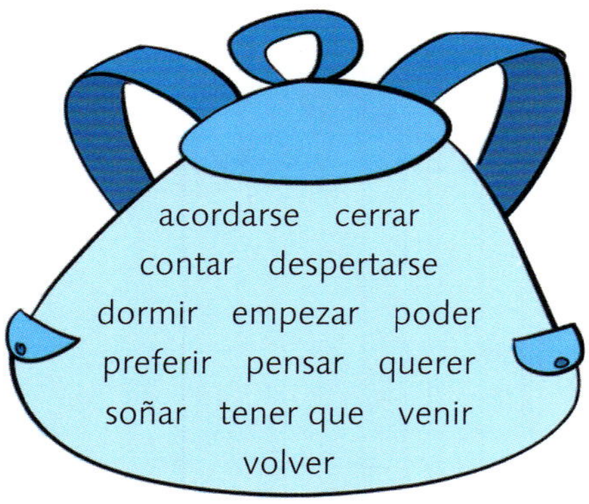

e → ie	o → ue

4 Completa el texto con la forma correcta de los verbos. ▶ Los verbos, p. 182–183

En el recreo, Laura ______________ (*preferir*) leer un libro y no ______________ (*querer*) hablar con sus amigos.

«Eh, chica, las clases ______________ (*empezar*) en cinco minutos. ¿______________ (*venir*) o no?», pregunta Vega. Laura ______________ (*mirar*) a sus amigos: «Hoy ya no ______________ (*volver*) a clase con vosotros, ______________ (*preferir*) leer. ¿______________ (*acordarse* / vosotros) de Harry Potter? Pues, esta tarde ______________ (*poder*) hablar con él, ______________ (*venir*) a mi casa para charlar un rato conmigo. También ____________ (*venir*) sus amigos.» «Pero, ¿qué te pasa? ¿Qué ____________ (*contar* / tú)?,» pregunta Vega. «____________ (*tener* que / nosotros) llamar a sus padres. Creo que Laura ____________ (*contar*) tonterías[1].»

La madre de Laura ____________ (*llamar*) a su hija y ____________ (*cerrar*) el libro de Harry Potter: «He, Laura, ¿____________ (*dormir*) todavía?» Pero Laura no ____________ (*escuchar*) a su madre, ____________ (*soñar*) con Vega y con Harry Potter…

1 la tontería *der Unsinn*

5 Es domingo. Describe el día de uno de los chicos. ▸ Resumen, p. 60/6

levantarse *acordarse* *acostarse* *soñar* con *volver* a casa *escuchar* *ver* la tele *hablar*
leer *quedar* con *ir* en bici *llamar* a ___ *comprar*

____

____

____

____

VOCABULARIO

6 Relaciona las expresiones y los verbos con preposiciones. | Formuliere so viele Sätze wie möglich.

soñar *ir* *ser* *venir* *estar* *volver* *ponerse* rojo *echar* *pasar* mucho tiempo *acordarse*	a (!) con de (!) en como – (sin preposición)	los amigos la plaza el instituto (la) casa el estadio el cine las nubes Salamanca Bogotá un tomate menos a ___ el cumpleaños

____

____

COLOMBIA EN DIRECTO

7 a Schaue dir das Rezept für *Arepas de queso* an und beantworte folgende Fragen:

Cuando llegues del cole, puedes tomarte un chocolate con una deliciosa arepa de queso.
Aquí puedes leer la receta.

Arepas de queso

2–3 arepas por persona

Ingredientes:

2 tazas de harina de maíz

3 tazas de agua

1 cucharada pequeña de sal

1 taza de queso rallado

Aceite[1] para freír

1. En una taza poner la harina, la sal y el agua.

2. Amasar la harina de maíz, la sal y el agua.
3. Esperar cinco minutos y después poner el queso.
4. Amasar todo un poco más.

5. Hacer nueve bolas con forma de arepa.
6. Freír en aceite (5–10 minutos.)

1 el aceite *das Öl*

1. Was benötigst du, um Arepas zuzubereiten? ______________________

____

2. Wie lange muss man die Arepas frittieren? ______________________
3. Was kannst du zu den Arepas trinken? ______________________
4. Wie viele Arepas rechnet man pro Person? ______________________

b Was verstehst du außerdem noch?

____

____

APRENDER MEJOR

13 **8** **a** Hörverstehen. | Un profesor habla sobre las fiestas de cumpleaños en América Latina. Escucha y apunta en alemán dos informaciones sobre la fiesta de quince, dos sobre la piñata.

METHODEN ▶ S. 163
Konzentriere dich beim Hören zunächst nur auf das, was du verstehst!

13 **b** Escucha otra vez y apunta: ¿qué más comprendes?

9 Mi día favorito: describe tu día favorito, un cumpleaños o un día de la semana.

Mi rincón

AUTOCONTROL 3

Lösungen auf S. 101

1 Die Uhrzeit. Gib auch die Tageszeit an.

1 20:00 — 2 16:00 — 3 12:03 — 4 08:00 — 5 18:40 — 6 21:45

1. *Son las ocho de la tarde.*
2. ______
3. ______
4. ______
5. ______
6. ______

2 Fragewörter. | Escribe las preguntas.

1. ______

   ______

   ¿El domingo? Me levanto a las diez.

2. ______

   Ahora voy a casa.

3. ______

   ______

   Porque no tengo ganas de estudiar.

4. ______

   Mi cumple es el 13 de febrero.

3 Wortschatz. Notiere fünf Orte für jeden Satz.

Voy al ______

Voy a la ______

4 Reflexive Verben. | ¿Qué pronombre reflexivo falta?

1. ______ ponéis	4. ______ pongo	7. ______ acordamos	10. ______ acuestan
2. ______ acuerdas	5. ______ voy	8. ______ van	11. ______ pones
3. ______ vais	6. ______ acordáis	9. ______ vas	12. ______ acuerdo

5 Die Verben **ir**, **venir**, **soñar**. | Completa la tabla.

	ir	venir	soñar
[yo]			
[tú]			
[él/ella]			
[nosotros/-as]			
[vosotros/-as]			
[ellos/-as]			

6 Adjektive. | Roberto y su hermana Alba son muy diferentes. Usa el adjetivo de al lado para describir a los dos.

Alba…	Roberto…	
… es muy ______.	… no es ______.	curioso/-a
… no es ______.	… es ______.	deportista
… no es ______.	… tampoco[1] es ______.	tímido/-a
… es muy ______.	… bueno, no es muy ______.	gracioso/-a
… no es ______.	… es a veces un poco ______.	egoísta
… es muy ______.	… también es ______.	majo/-a

Los dos son ______ y bastante ______. — alegre / simpático/-a

1 tampoco *auch nicht*

7 Redemittel. Du bist in Spanien.

1. Du möchtest wissen, wann die Buchhandlung schließt.

______

______

2. Frage einen Freund, wann er Geburtstag hat.

______

______

3. Du stehst vor einem Kino. Frage, wann der Film anfängt.

______

______

4. Ein Freund möchte sich mit dir um drei Uhr nachmittags vor der Schule verabreden. Wie fragt er?

______

______

5. Du kannst nicht um drei Uhr, weil du um halb vier zu Hause sein musst. Was sagst du?

______

______

6. Frage jemanden nach der Uhrzeit.

______

______

8 Tagesablauf. | ¿Qué hace Sandra por la mañana / a mediodía / por la tarde / por la noche? Escribe en tu cuaderno y usa:

levantarse *acostarse* *ir* al colegio *charlar* con los amigos en el recreo *estar* en clase *volver* a casa *hacer* los deberes *ir* a la cafetería *preparar* las cosas para la fiesta *soñar* con

4 MI VIDA DE CADA DÍA

¡ACÉRCATE!

COMPRENDER EL TEXTO

1 **Mira el horario de los chicos del 2°A de ESO y completa las frases.** ▶ Texto, p. 66

Los alumnos entran a clase a ______________________ y salen a ______________________. Cada día tienen ____________ clases. Una hora de clase dura[1] ____________ minutos; el recreo dura ______________________. Los alumnos tienen ____________ minutos entre clase y clase. Los chicos del 2°A tienen ____________ asignaturas. Tienen ____________ horas de Inglés, ____________ de Matemáticas y ____________ de Lengua. Los miércoles y los jueves desde las 12.50 hasta las 13.40 los alumnos tienen ______________________.

1 durar *dauern*

ESCUCHAR

14–16 **2** **a** **Escucha a Tomás y completa el horario.**

	LUNES	MARTES	MIÉRCOLES	JUEVES	VIERNES
8.50–9.40	Música	Inglés			
9.45–10.35		Geografía e Historia			
10.40–11.30	Matemáticas	Tutoría			Matemáticas
11.30–11.55			Recreo		
11.55–12.45			Lengua Castellana y Literatura		E. para la ciudadanía y Derechos
12.50–13.40			Geografía e Historia		
13.45–14.35			Ciencias Naturales		

14–16 **b** **Escucha otra vez. ¿Qué dice Tomás de sus clases?**

______________________ es su profesora favorita porque ______________________ ______________________. Su asignatura optativa este año es ______________________. Pero es ______________________ porque ______________________ ______________________. Para Tomás, Ciencias Naturales es ______________________ porque ______________________.

4A ¿QUÉ TAL EN EL INSTITUTO?

COMPRENDER EL TEXTO

DELE **1** **¿Qué consejos le dan a Vega? Marca si las frases son correctas (c), falsas (f) o si no se mencionan en el texto (–).** ▶ Texto, p. 69

Para los chicos, Vega tiene que…	c	f	–
llegar a casa a las tres y hacer los deberes.	☐	☐	☐
pasar mucho tiempo en el instituto.	☐	☐	☐
estudiar con los padres en casa.	☐	☐	☐
aprender todo de memoria.	☐	☐	☐
poner atención en la clase.	☐	☐	☐

Para los chicos, Vega tiene que…	c	f	–
compartir sus deberes con Laura.	☐	☐	☐
ser amigo/-a de los profesores.	☐	☐	☐
hacer muchas preguntas a los profesores.	☐	☐	☐
estudiar mucho un día con los amigos.	☐	☐	☐
estudiar un poco cada día.	☐	☐	☐

ESCUCHAR

17 **2** **Escucha, marca el adjetivo adecuado y termina las frases: ¿cómo están los chicos? ¿Por qué?**

Tomás está: contento / nervioso / harto ____________________

Cristina está: feliz / harta / nerviosa ____________________

Begoña está: contenta / nerviosa / feliz ____________________

Laura está: nerviosa / harta / contenta ____________________

Diego está: feliz / harto / contento ____________________

Roberto está: nervioso / harto / contento ____________________

PRACTICAR

3 a **Relaciona los verbos con los sustantivos.**

morirse	1	a	atención
no entender	2	b	los deberes a alguien
sacar	3	c	de hambre
aburrirse	4	d	buenas/malas notas
poner	5	e	ni jota
dar	6	f	como una ostra

b **Describe un día en tu instituto. Usa las expresiones de a.**

____

____

____

____

4 a Encuentra las formas de **dar**. Escribe cuatro frases. ▶ Los verbos, p. 184

e	d	a	m	o	s
s	o	y	d	o	y
d	a	s	a	s	é
d	a	n	i	v	a
v	o	y	s	d	a

____

____

____

____

18 **b** Escucha y apunta las formas del verbo **dar** y el pronombre indirecto adecuado. ▶ Resumen, p. 81/2

1. –Oye Laura, ¿__________ tus apuntes? –Espera, __________ mi cuaderno.
2. –Chicas, ¿__________ las entradas del cine? –Pregunta a Diego. Él __________ las entradas.
3. –Chicas, ¿a quién __________ la mochila?
4. A Alba __________ un regalo… y a vosotros __________ un poco de dinero.
5. ¿__________ mi diario? ¿No? Pues entonces yo no __________ tu camiseta favorita.

5 Completa con **me**, **te**, **le** (2 x), **os** y **les**. ▶ Resumen, p. 81/2

Vega sueña con el profe de Inglés. __________ pregunta: «John, no entiendo ni jota en clase. ¿__________ explicas[1] todo ahora?» Pero John __________ contesta: «Ah Vega, tú nunca haces los deberes. __________ pongo un examen muy difícil.» Vega está muy nerviosa. Piensa en sus amigos y __________ escribe un mensaje: «Hola chicos, no puedo sacar una buena nota… después, __________ cuento todo.»

1 explicar algo a alguien *jdm etw. erklären*

6 Diego le cuenta a Sandra muchas cosas de la ESO. Subraya la palabra adecuada. ▶ Resumen, p. 81/1, 3

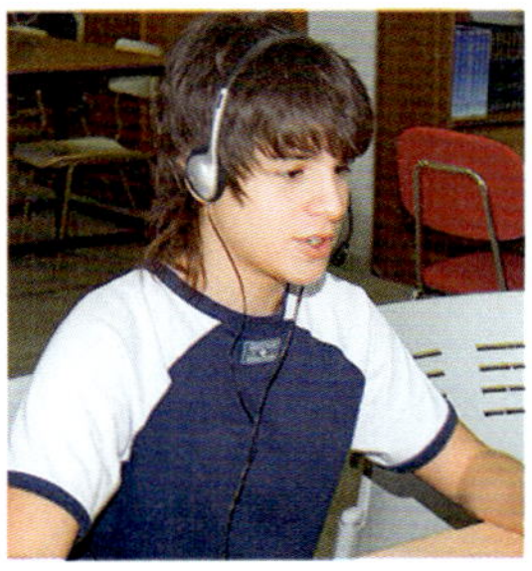

Pues te cuento. Para Vega, Lengua es un horror porque tiene un (**mal / buen**) profesor, y no entiende ni jota y por eso saca (**malas / buenas**) notas. Roberto es muy (**bueno / malo**) en Inglés, siempre contesta las preguntas del profe. Yo no, yo contesto (**muchas / pocas**) preguntas bien… Pero ahora veo (**muchas / pocas**) pelis en inglés y por eso comprendo un poco más. Ahora tenemos (**muchos / pocos**) exámenes y por la tarde no tengo (**mucho / poco**) tiempo. Pero hoy es un (**buen / mal**) día para mí porque tengo clase con Carmen, es una (**buena / mala**) profesora. Nunca me aburro en sus clases… Y Laura, bueno, ella estudia siempre (**muchas / pocas**) horas y por eso saca (**malas / buenas**) notas, y claro, porque es muy inteligente.

7 **Cristina habla del instituto Lucía de Medrano. Completa con una forma de bueno/-a (☺) o malo/-a (☹).**

Hola, soy Cristina, estudio 2º de ESO en el Instituto Lucía de Medrano. Creo que es un (☺) ________________ instituto. Naturales es mi fuerte, y además tenemos un (☺) ________________ profe. Para mí, los exámenes de Naturales son muy fáciles. Siempre saco (☺) ________________ notas. Pero Lengua no me gusta nada. Yo soy muy (☹) ________________ en Lengua. Por eso estudio con Laura (¡es muy (☺) ________________ en Lengua!). Estudio mucho para no sacar (☹) ________________ notas. Pero en los exámenes siempre estoy muy nerviosa.

APRENDER MEJOR

19 DELE **8** **a** **Notizen machen beim Hören. | Laura es reportera de la revista del Lucía de Medrano. Tomás le cuenta del instituto. Escucha y apunta.**

> **METHODEN** ▶ S. 163
> Mache dir beim Hören Notizen, schreibe aber keine ganzen Sätze. Verwende lieber Symbole und Abkürzungen für die Fächer bzw. Tage.

Deberes: ____

____

Asignaturas: ____

____

Tiempo libre: ____

____

b **Escribe la nota en el periódico escolar. | Verfasse den Zeitungsartikel mit Hilfe deiner Notizen.**

¡ASÍ ES EL LUCÍA!

¿Cómo es nuestro instituto? ¿Nos dejan muchos o pocos deberes? ¿Qué asignaturas son difíciles? ¿Tenemos mucho tiempo libre? Tomás (2C) habla del Lucía.

I.E.S. Lucía de Medrano

educacyl IES Lucía de Medrano

Tomás estudia ________________________ y para él ________________________

____

____

____

____

____

Pues sí, así es nuestro instituto.

4B ¿QUÉ TE GUSTA HACER?

COMPRENDER EL TEXTO

1 Describe a los chicos. ▶ Texto, p. 73

A Laura / A Roberto	le gusta no le gusta	el fútbol. el teatro. ir al entrenamiento. el deporte. la idea de hacer una prueba.

1. ____________________
2. ____________________
3. ____________________
4. ____________________
5. ____________________

PRACTICAR

2 Completa las frases con **me**, **te**, **le**, **nos**, **les** y con gusta o gustan. ▶ Resumen, p. 81/5

1. A Diego no ________ ________ el fútbol.
2. A Vega ________ ________ la música de Chambao.
3. A los chicos ________ ________ los deportes.
4. ¿A ti ________ ________ jugar al fútbol?
5. A nosotros ________ ________ ir de vacaciones a España.
6. A mí ________ ________ escuchar música a todo volumen.

3 ¿Cuáles de estas cosas te gustan a ti? Forma frases y usa **(no) me gusta** y **(no) me gustan**. ▶ Resumen, p. 81/5

____________________ ____________________ ____________________

____________________ ____________________ ____________________

4

5

6

4 Sudoku. Completa con las seis formas de **jugar**. | In jeder Spalte und in jeder Zeile müssen alle sechs Formen vorkommen. ▶ Los verbos, p.183

jugamos				juega	juegas
			juego	jugamos	
		juegan			jugamos
juegas			juega		
	juegan	jugamos			
juego	juega			jugáis	

Prepara sudokus para tus compañeros/-as con *hacer*, *poner*, *entender* y *aburrirse*.

5 Haced el tándem de la página 93.

6 ¿Qué te gusta a ti? ¿Qué no? ¿Por qué? | Schreibe auf, was dir (nicht) gefällt und warum (nicht).

Mi rincón

	me gusta / me gustan	no me gusta / no me gustan
En el instituto		
En mi tiempo libre		
En ________		

4C SEMANA BLANCA

COMPRENDER EL TEXTO

DELE **1** **¿Qué pasa en Baqueira? Pon en orden las frases.** ▶ Texto, p. 77

- [ ] El bus llega a Baqueira a las ocho.
- [ ] Diego está todavía en su habitación.
- [1] El bus sale a las tres de Salamanca.
- [ ] Vega canta y Roberto toca la guitarra.
- [ ] Carmen habla con Diego.
- [ ] Diego, Cristina y un chico se caen.
- [ ] Diego y Cristina bajan juntos.
- [ ] El martes los chicos están en la pista.

PRACTICAR

2 **Welche Körperteile verstecken sich hier? Notiere sie mit dem bestimmten Artikel und schreibe die entsprechende Nummer an die richtigen Stellen.** ▶ Las partes del cuerpo, p. 207

1. RINPEAS LAS P I E R N A S
2. BECAZA ______ _ _ _ _ _ _
3. ASLEPDA ______ _ _ _ _ _ _ _
4. ANOMS ______ _ _ _ _ _
5. ESIP ______ _ _ _ _
6. OSJO ______ _ _ _ _
7. ZANIR ______ _ _ _ _ _
8. DROILLAS ______ _ _ _ _ _ _ _ _
9. BRIRAGA ______ _ _ _ _ _ _ _
10. LOPE ______ _ _ _ _

3 **Completa el crucigrama con el imperativo.** ▶ Resumen, p. 82/7

1. Laura, *venir* aquí.
2. Chicos, *bajar* el volumen.
3. ¡Hey, chica! *abrir* los ojos.
4. Chicos, *subir* al bus.
5. Diego, *levantarse* ya.
6. Diego, *tener* cuidado.
7. Chicas, *cantar* conmigo.
8. Roberto, *tocar* la guitarra.
9. Diego, hay karaoke, *apuntarse* también.
10. ¡Vega! *Tomar* tu mochila. Ya nos vamos.

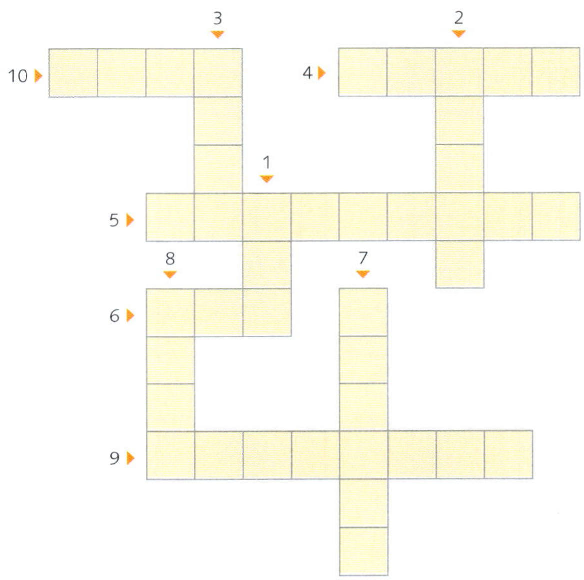

4 Preparad y haced el juego de roles, p. 91/92.

5 ¿Dónde está Diego? Completa los sms. Usa un imperativo. ▶ Resumen, p. 82/7

levantarse hablar esperar esperar venir contestar bajar

1
¿Todavía en la cama?
¡ L ________ ya!
Lau

2
S.O.S Carmen pregunta por ti. ¡ ________ con ella! Beto

3
Hola, Vega,
¡ ________ !
Ahora bajo. Diego

4
Diego, estamos en el comedor. ¡ V ________ ya! Vega

5
¡¿Dónde estás?! Ya nos vamos a la pista. ¿Vienes?
¡ C ________ !
Vega

6
Chicas, en la pausa, b ________ a la pista 3 y ________ a Diego ahí. Creo que está enfermo. Beto

6 Encuentra tres verbos en infinitivo. Conjúgalos.

1. ________ 2. ________ 3. ________

7 Jugad en grupos de cuatro al «Juego de la verdad». Escribid tres frases con **saber**, **poder** o **tener que**. Una de ellas es verdad. Leed a vuestros compañeros las frases. Ellos adivinan cuál es verdad.

1. ________
2. ________
3. ________

ESCUCHAR

20 **8** DELE

María, Julia y Manuel también están en Baqueira. Escucha y apunta la información.

Nombre	¿Sabe esquiar? ¿Esquía (muy) bien/mal?	¿Es principiante?	¿Toma curso? ¿Cuándo?
María	Sí. Esquía ______	______	______
Julia	______	______	______
Manuel	______	______	______

ESPAÑA EN DIRECTO

9 **Schau dir den Prospekt der Kampagne „Juego limpio" an und beantworte die Fragen.**

1. Lies dir die zehn Regeln von „Juego limpio" durch und erkläre vier davon auf Deutsch.

______

______

______

______

______

______

______

______

2. Erkläre mit deinen eigenen Worten, was mit „Juego limpio" gemeint ist.

______

______

______

______

AUTOCONTROL 4

Lösungen auf S. 102

1 **Buen/o und mal/o.** | **Completa las frases con bueno/-a o malo/-a.**

1. Roberto es un ______________ chico, hace mucho deporte, pasa mucho tiempo con su familia.
2. Diego es un ______________ amigo, charla mucho en el chat con sus amigos de Colombia.
3. A Laura le gusta mucho sacar ______________ notas. Por eso estudia mucho.
4. Cristina es muy ______________ en Lengua, no entiende ni jota. Pero Laura es muy ______________ en Lengua y le explica todo a Cristina. A Cristina no le gusta estudiar Lengua, pero no quiere sacar ______________ notas.

2 **Die Objektpronomen.** | **Completa con me, te, le.**

Cristina: Roberto, tú eres bueno en Inglés. ¿________ das un consejo para sacar una buena nota en el examen?

Roberto: Pero, el examen ya es mañana. ¿Cómo ________ explico todo en dos horas? Tenemos que estudiar ya… ________ pregunto las palabras en español y tú ________ contestas en inglés, ¿vale?

Por la noche, Cristina quiere charlar con Laura y ________ manda un SMS. ________ escribe: «Hola, Laura, ________ cuento algo: ya no estoy nerviosa. Estoy lista para el examen. BSS, C.»

3 **Die Objektpronomen.** | **Completa las frases con me, te o le.**

1. [A mí] ________ duele la rodilla.
2. Y a ti, ¿qué ________ duele?
3. ¿Qué le pasa a Diego? ¿________ duele algo?
4. A Diego ________ duelen las piernas.
5. A mí no ________ duelen las piernas. ________ duele el brazo.
6. ¡Ves mucha tele! Por eso, ________ duelen los ojos.

4 **Das Verb gustar.** | **Completa las frases con me, te, le/s y con gusta o gustan.**

1. A Roberto ________ ______________ los deportes. A Diego ________ ______________ jugar al baloncesto.
2. Diego: A mí no ________ ______________ los deberes de Mates.
3. Vega: A mi padre no ________ ______________ mis notas.
4. A Tomás ________ ______________ aprender alemán.
5. Tomás: ¿A ti ________ ______________ ir al cine?

5 Die Adverbien **también** und **tampoco**. | Usa **sí**, **no**, **también** o **tampoco**. Antworte wahrheitsgemäß.

1. A mí me gusta jugar al Monopoly. ¿Y a ti? –A mí ______.
2. No nos gusta esquiar. ¿Y a ti? –A mí ______.
3. A mucha gente le gustan las películas de miedo. ¿Y a ti? –A mí ______.
4. No me gusta ir a la bolera. ¿Y a ti? –A mí ______.

6 a Conjuga los verbos. ▶ Los verbos, p. 182–184

saber	poder	doler	salir
______	______		______
______	______		______
______	______	______	______
______	______		______
______	______		______
______	______	______	______

b Completa las frases con los verbos de a.

Vega y Laura ______ de su curso a las tres y ______ charlar con Diego.

Laura: Vega, Diego, ¿ya ______ esquiar?

Vega: Pues sí, un poco.

Diego: Sí, pero ahora no ______ porque me ______ todo.

Laura: ¿Qué te ______?

Diego: Me ______ las piernas. Ah, y me ______ la espalda. Creo que hoy no ______ por la noche de mi habitación.

Vega: A mí también me ______ todo, pero todavía ______ esquiar… Además por la noche hay fiesta. Muchos alumnos ______ tocar la guitarra, y claro, yo ______ cantar… Chicos, ¿y Roberto? ¿Dónde está?

Laura: Pues quiere hablar con su familia por teléfono. Por eso no ______ venir.

5 PADRES E HIJOS

¡ACÉRCATE!

VOCABULARIO

1 a Apunta las combinaciones posibles en tu cuaderno.

una falda un jersey zapatos camisetas pantalones camisas un vestido zapatillas jerséis	blanca rojo negros azules blancos amarillas blanco negras verdes

b **Mira el dibujo de las páginas 86 y 87 del libro y describe a Laura, Vega, Tomás, Diego y a Carmen: ¿qué llevan? Escribe cinco frases en tu cuaderno.**

PRACTICAR

2 **Tomás quiere saber muchas cosas de Laura. Completa primero sus preguntas con qué o cuál/es, después inventa las respuestas de la chica.**

1. ¿________ película te gusta? ________________
2. ¿________ es tu asignatura favorita? ________________
3. Tienes dinero para comprar dos cedés. ¿________ compras? ________________
4. ¿________ te gusta hacer el fin de semana? ________________
5. ¿________ canción odias? ________________
6. Tienes problemas con tus padres: ¿con ________ amigos hablas? ________________

3 a **Usa el pronombre relativo que para unir las dos frases. Escribe las frases en tu cuaderno.** ▶ Resumen, p. 100/1

1. Vega piensa en un chico. El chico va también a su clase.
2. El chico tiene los ojos verdes. El chico se llama Tomás.
3. A Tomás le gusta mucho una chica. La chica se llama Laura.
4. En el recreo, Tomás ve a dos chicas. Las chicas charlan.
5. Laura describe a un chico. Ella está un poco nerviosa.
6. De repente Vega comprende: el chico es Tomás. Tomás le gusta mucho a Laura.

b **Termina las frases con una frase relativa.** ▶ Resumen, p. 100/1

1. Ana tiene un hermano que ________________
2. Este hermano trabaja en una tienda que ________________
3. Siempre lleva vaqueros que ________________
4. Los lunes entra en la tienda una chica que ________________

MI PORTAFOLIO DE ESPAÑOL

Mit dem Portfolio kannst du deine Spanischfortschritte in den verschiedenen Bereichen Hören, Lesen, Sprechen, Schreiben und Landeskunde in diesem Jahr feststellen. Schlage dein Portfolio hierzu regelmäßig auf, am besten, nachdem du ein „Autocontrol" abgeschlossen hast. Gehe die einzelnen Punkte durch und schätze dich selbst ein.

Nombre:	
Apellido:	
Fecha de nacimiento:	
Mi dirección:	
Mi instituto:	
Mi clase:	
Mi profesor/a de Español se llama:	
Aprendo español desde:	
Otros idiomas que aprendo:	
En casa hablo:	
Con mis amigos hablo:	
Was ich über Spanien und Lateinamerika weiß 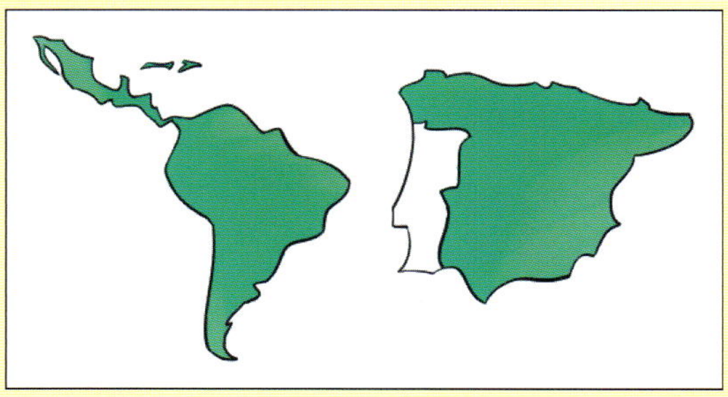	

✘ Klappt noch nicht so gut. ✘✘ Das kann ich gut. ✘✘✘ Das geht prima!

Hören

Ich verstehe …

- [ ] … Telefonnummern, Preise und Uhrzeiten.
- [ ] … die Anweisungen meines Lehrers / meiner Lehrerin im Unterricht.
- [ ] … Fragen über mich, meine Familie, meine Freunde und über meine Hobbys.
- [ ] … wenn jemand über seine Schule und seinen Stundenplan spricht.
- [ ] … ein einfaches Gespräch (über Hobbys, Kleidung, Essen, Pläne).
- [ ] … wenn sich jemand mit mir am Telefon verabreden möchte.
- [ ] … wenn jemand mir erzählt, was er gemacht hat.

Lesen

Ich verstehe …

- [ ] … einfache und kurze Texte zu den Themen Schule, Freizeitaktivitäten, Familie, Kleidung und Essen.
- [ ] … Arbeitsanweisungen in meinem Buch.
- [ ] … einfache Briefe, Postkarten, E-Mails und Leserbriefe.
- [ ] … wichtige Aussagen von spanischen Prospekten, Plakaten, Statistiken.

Schreiben

Ich kann…

- [ ] … Wörter und Sätze aus dem Buch richtig abschreiben.
- [ ] … meinen Namen, meine Adresse und Nationalität aufschreiben.
- [ ] … eine kurze E-Mail schreiben zu den Themen: meine Familie, meine Schule, meine Freunde, meine Hobbys.
- [ ] … meinen Stundenplan aufschreiben.
- [ ] … nach Mustern kurze Gedichte schreiben.
- [ ] … mit Hilfe von Bildern eine kurze Geschichte schreiben.
- [ ] … eine Postkarte aus dem Urlaub schreiben.
- [ ] … einen Steckbrief zu meinem Land / meiner Region anfertigen.

Sprechen

Ich kann

- [ ] … jemanden begrüßen und fragen, wie es ihm geht.
- [ ] … mich vorstellen, meine Adresse und Telefonnummer nennen und sagen wie es mir geht.

- [ ] … über meine Familie, meine Stadt / mein Dorf, meine Freunde, meine Schule, meine Ferien und meine Pläne sprechen.
- [ ] … jemanden nach seinem Namen, seiner Herkunft und seinen Interessen fragen.
- [ ] … nach der Uhrzeit fragen und die Uhrzeit nennen.
- [ ] … mich über meine Schule, meine Freizeit, meine Freunde, meine Familie, meine Wohnung, Kleidung und Essen unterhalten.
- [ ] … Vorschläge machen und meine Meinung äußern.
- [ ] … erzählen, was ich (nicht) gern mache.
- [ ] … ein Einkaufsgespräch führen.
- [ ] … am Telefon reagieren.
- [ ] … etwas zum Essen und Trinken bestellen.
- [ ] … über das Wetter sprechen.
- [ ] … einen Weg beschreiben / jemanden nach dem Weg fragen.
- [ ] … über etwas Vergangenes berichten.

Spanien und Kolumbien

- [ ] Ich kenne einige spanische Regionen und Städte.
- [ ] Ich kenne die Namen einiger spanischer Persönlichkeiten und weiß, warum sie bekannt sind.
- [ ] Ich habe etwas über Salamanca und Bogotá erfahren.
- [ ] Ich weiß etwas über die Geographie Kolumbiens.
- [ ] Ich kenne die Namen verschiedener Sehenswürdigkeiten in Salamanca.
- [ ] Ich weiß etwas über das spanische Schulsystem.
- [ ] Ich weiß etwas über spanische Essensgewohnheiten.
- [ ] Ich weiß etwas über spanische Feste und Feiertage.
- [ ] Ich kenne wichtige Musikstile sowie Musikgruppen Spaniens und Lateinamerikas.
- [ ] Ich kenne einige Wörter aus dem kolumbianischen Spanisch und dem Katalanischen.

Sprachmittlung

Ich kann

- [ ] … einfache spanische Aussagen auf Deutsch wiedergeben.
- [ ] … meinen Eltern/Freunden wichtige Aussagen aus Broschüren, Prospekten erklären.
- [ ] … einfache Gespräche dolmetschen.

MEINE TRICKS BEIM SPANISCH LERNEN:

So lerne ich Wörter	**immer**	**manchmal**	**nie**
Wenn ich ein unbekanntes Wort sehe, überlege ich, ...			
– ob ich ein ähnliches Wort schon in einer anderen Sprache kenne.	☐	☐	☐
– ob Bilder oder Fotos mir vielleicht helfen können, das Wort zu verstehen.	☐	☐	☐
– ob ich es aus der Situation oder dem Sinnzusammenhang des Textes erschließen kann.	☐	☐	☐
So merke ich mir neue Wörter	**immer**	**manchmal**	**nie**
Ich wiederhole die Vokabeln regelmäßig.	☐	☐	☐
Ich lerne die Wörter in einem Beispielsatz.	☐	☐	☐
Ich schreibe schwierige Wörter auf Karteikärtchen ...	☐	☐	☐
... und male ein Bild dazu.	☐	☐	☐
Hören	**immer**	**manchmal**	**nie**
Ich achte auch auf Geräusche und den Tonfall, um herauszufinden, worum es geht.	☐	☐	☐
Bei einer Hörverstehensübung lese ich die Aufgaben vorher genau durch, um zu wissen, auf welche Informationen ich mich beim Hören konzentrieren muss.	☐	☐	☐
Lesen	**immer**	**manchmal**	**nie**
Um zu verstehen, wovon ein Text handelt, ...			
– achte ich zuerst auf die Überschrift, Bilder oder Fotos und überlege mir, was das Thema des Textes sein könnte.	☐	☐	☐
– suche ich nach Wörtern, dir mir wichtig erscheinen (Schlüsselwörter) und unterstreiche sie oder schreibe sie auf.	☐	☐	☐
Sprechen	**immer**	**manchmal**	**nie**
Wenn ich ein Rollenspiel vorbereite, ...			
– lese ich mir die Rollenkarte genau durch und überlege zuerst, was die Person tun oder sagen soll.	☐	☐	☐
– notiere ich erst Sätze und dann Stichwörter auf einem Zettel, bevor ich anfange zu sprechen.	☐	☐	☐

Wie ich mich verbessern könnte. Ich könnte ...	
... im Unterricht aktiver mitarbeiten.	☐
... häufiger ein zweisprachiges Wörterbuch verwenden.	☐
... gelernte Vokabeln und Grammatik häufiger wiederholen.	☐
... mir Texte auf meiner CD häufiger anhören.	☐
... die Lern- und Arbeitstechniken im Unterricht und bei den Hausaufgaben anwenden.	☐
... Lieder auf Spanisch hören.	☐

5A VAQUEROS NUEVOS

COMPRENDER EL TEXTO

1 **Contesta las preguntas sobre el texto.** ▶ Texto, p. 88

1. ¿Qué problema tiene Diego con su madre?

2. ¿Cómo son los vaqueros favoritos de Diego?

3. ¿Adónde van Diego, Roberto y Vega juntos? ¿Cuándo?

4. ¿Qué talla necesita Diego?

5. ¿Cómo son los vaqueros nuevos de Diego?

ESCUCHAR

21 DELE **2** **Escucha y marca la respuesta correcta.**

1. La madre quiere comprar ropa para
   - ☐ Roberto, Adrián y Alba.
   - ☐ Roberto y Adrián.
   - ☐ sólo para Alba.
2. Roberto siempre lleva
   - ☐ camisetas estrechas.
   - ☐ camisetas anchas.
   - ☐ camisetas largas.
3. La madre toma una camiseta
   - ☐ azul en talla grande.
   - ☐ negra de talla pequeña.
   - ☐ de color claro.
4. En la tienda hay jerséis
   - ☐ que le gustan a Adrián.
   - ☐ que están de oferta.
   - ☐ que cuestan 20 euros.
5. ¿Cuál es el color favorito de Alba?
   - ☐ el rosa
   - ☐ el rojo
   - ☐ el negro
6. La madre paga 30 euros por
   - ☐ una camiseta.
   - ☐ un jersey.
   - ☐ unas zapatillas de deporte.

PRACTICAR

3 **Busca para cada demostrativo dos sustantivos.** ▶ Resumen, p. 100/2

este ______ ______ ese ______ ______

esta ______ ______ esa ______ ______

estos ______ ______ esos ______ ______

estas ______ ______ esas ______ ______

4 Completa con una forma de **este** o **ese**. ▸ Resumen, p. 100/2

VOCABULARIO

5 a Busca un antónimo. | Bilde Gegensatzpaare.

ancho/-a	≠	___	largo/-a	≠	___
fácil	≠	___	nuevo/-a	≠	___
conmigo	≠	___	de manga larga	≠	___
bueno/-a	≠	___	llevarse bien con alg.	≠	___
feo/-a	≠	___	aquí	≠	___
blanco/-a	≠	___	claro/-a	≠	___
estar de oferta	≠	___	este de aquí	≠	___

b Buscas pantalones nuevos. ¿Con quién vas de compras? Cuenta y usa las palabras de a.

___

___

___

___

6 ¿Qué preguntas hacen en la tienda? ▶ Para comunicarse, p. 214

1. ______________________
2. ______________________
3. ______________________
4. ______________________
5. ______________________
6. ______________________

7 Apunta palabras y expresiones para hablar de tu ropa y de tu estilo. ¡Puedes usar la lista para Mi rincón!

¿cuándo?	verbo	ropa	estilo	¿por qué?
durante la semana[1]	llevar	vaqueros	deportivo[2]	quedar bien/mal

1 durante la semana *wochentags* **2** deportivo/-a *sportlich*

8 ¿Cuál es tu estilo? ¿Te gusta la moda? ¿Tienes un estilo propio[1]? Puedes poner una foto.

Mi rincón

Para mí…
Es importante…
(No) me gusta estar a la moda porque…
Mi ropa es…

TU FOTO

1 un estilo propio *ein eigener Stil*

5B ESTOY HABLANDO POR TELÉFONO

COMPRENDER EL TEXTO

1 **Formula cinco preguntas sobre el texto. Tu compañero/-a contesta.** ▶ Texto, p. 92

____

____

____

____

____

VOCABULARIO

2 **Completa el crucigrama.**

Sergio pregunta: ¿De parte de [1]?
Para tomar [2], necesitas un [10].
Sergio contesta el [3].
Para comer, necesitas un [4], un [7] y un [9].
A esta [11] le falta [5].
Tomás no quiere dejar un [8].
Sergio y la madre están preparando una [12].
Laura pregunta: ¿[6] estáis terminando?
¿Tomás lleva piercings en la [13]?
Laura no quiere [14] la mesa.

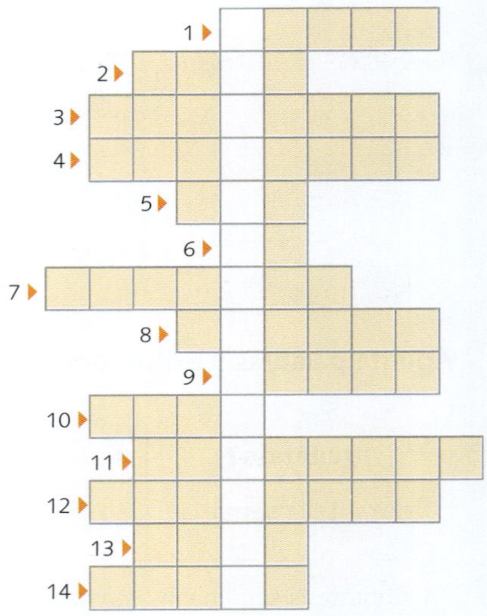

PRACTICAR

3 **Pon los verbos siguientes en la forma del gerundio. Después, termina las frases.** ▶ Resumen, p. 100/3

yo / hablar | tú / poner | ella / salir | nosotros / escribir | vosotros / pensar en | ellos / leer

1. Estoy hablando ______________________

2. Estás ______________ ______________________

3. ______________ ______________ ______________________

4. ______________ ______________ ______________________

5. ______________ ______________ ______________________

6. ______________ ______________ ______________________

4 Busca las formas del verbo **decir**. ¿Qué otras formas de verbos hay en el crucigrama? ¡Son cuatro!

d	d	a	d	i	c	e	n
e	i	t	e	n	g	o	a
c	c	d	c	c	d	a	v
í	e	o	i	a	i	g	e
s	y	o	m	r	g	u	n
h	a	g	o	a	o	a	g
p	y	o	s	a	l	g	o
t	ú	d	i	c	e	s	s

ESCUCHAR

5 a Completa la llamada con las palabras que faltan. ▶ Para comunicarse, p. 214

Tú contestas el teléfono	Vega llama
¿____________?	Hola, buenas tardes. ¿____________ Emilio?
No, no está. ¿De ____________ de ____________?	____________ Vega, una compañera del instituto…
¿Le quieres ____________ un ____________?	Sí. ¿Me puede ____________ esta tarde? Es que queremos practicar para el concierto…
Claro que sí. Bueno, adiós…	Adiós, y gracias.

22 **b** Estás en casa de Emilio y contestas una llamada. Escucha: ¿qué dices?

23 **6** Escucha las cuatro llamadas. ¿Quién llama? Apunta el nombre y también el recado.

1 El recado de ____________:

2 El recado de ____________:

3 El recado de ____________:

4 El recado de ____________:

7 Haced el tándem de la página 96.

5C ¡YA SOY MAYOR!

COMPRENDER EL TEXTO

1 **Resume los problemas de Laura y los consejos de Paco y Luisa.** ▶ Texto, p. 96

1. La madre de Laura ______
2. Su madre la ______
3. Su hermano ______
4. Paco dice que sus padres ______
5. Cuando está harto, ______
6. Luisa piensa que Laura ______
7. Luisa dice que su madre ______
8. Cree que Laura ______

VOCABULARIO

2 a **Busca para cada palabra un verbo, un sustantivo o un adjetivo de la misma familia.**

sustantivo	verbo	sustantivo	adjetivo
el trabajo	______	la rebelión	(ser) ______
el control	______	la responsabilidad	(ser) ______
la opinión	______	______	(ser) paciente
______	vender	la tristeza	(estar) ______
la discusión	______		

b **¿Qué palabras de a faltan en las frases?**

1. Los lunes, mis padres siempre llegan tarde del ______.
2. Las ______ entre Laura y su madre son bastante agotadoras.
3. Ser mayor significa también tener ______.
4. –¿Adónde vas con esos libros? –Ya no me gustan, ¡los quiero ______!
5. Mis padres son muy majos, son ______ y tranquilos.
6. No aguanto el ______ de mis padres.

PRACTICAR

3 **Tomás habla con Roberto, pero en el diálogo falta la forma correcta de uno de los verbos. ¿Cuál es?**

conocer (3 x) ponerse (2 x) aguantar enfadarse (2 x) tener bronca (2 x) meterse decir

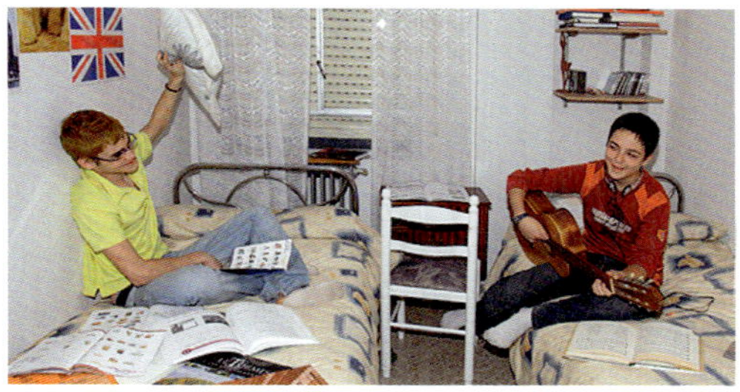

1. –Esta chica, la ____________ (tú)?
   +Claro que la ____________. Es Cristina, es muy maja.
2. –Bueno… no la ____________. +Pero, ¿por qué?
3. –No sé, en el recreo siempre ____________ (nosotros). ____________ (ella) en todo. ____________ (yo) mi gorra y me ____________ (ella): ¡Anda[1], qué guapo! +¿Y qué? Creo que es tímida.
4. –¡Qué va! +Sí, nosotros nunca ____________ (nosotros) con ella. Pero mi madre ____________ a sus padres, son muy estrictos.
5. –¿Y…? +Pues, cuando la chica ____________ en casa, ____________ nerviosa y ____________ con todos. Normal, ¿no?

1 ¡Anda! *hier: Hey!*

4 **La familia está cenando cuando Roberto llama. ¿Qué le dice el padre?** ▶ Resumen, p. 100/4, p. 101/5

1. Tu madre quiere saber ____________
2. El abuelo ____________
3. La abuela ____________
4. Adrián ____________
5. Carla ____________
6. Alba ____________

5 a **Unterstreiche im ersten Satz die Substantive und im zweiten Satz das passende Objektpronomen.** ▶ Resumen, p. 101/7

1. Diego necesita vaqueros nuevos. Los quiere comprar en una tienda cerca de la Plaza Mayor.
2. Vega busca a sus amigas en la fiesta. Todavía no hay mucha gente, pero no las ve.
3. Tomás ve a una chica en el recreo. La conoce, es una compañera de clase que se llama Laura.
4. Laura habla con Vega sobre un chico, pero Vega no lo conoce.

b **Completa con un pronombre de complemento directo.** ▶ Resumen, p. 101/7

*Lo siento *Tut mir Leid.*

6 a **Subraya el complemento directo una vez y el complemento indirecto dos veces.** ▶ Resumen, p. 101/7, p. 81/2

1. La amiga de Laura cumple 15 años. Laura **le** quiere comprar **un regalo**. **Lo** compra en una librería.
2. Tengo que hablar con mis padres. Pero, ¿qué **les** digo? Y, ¿cómo **lo** digo?
3. ¿Quieres comer algo? ¿**Te** preparo **una tortilla**? ¿**La** quieres probar[1]?

1 probar *probieren*

b **¿Qué complemento corresponde a las frases? Después, pon el pronombre de complemento directo o indirecto.**

[1] los vaqueros | [ ] a Diego | [ ] la cazadora | [ ] su talla | [ ] al vendedor | [ ] el teléfono

[ ] a Laura | [ ] a Diego | [ ] los cubiertos | [ ] a sus padres | [ ] los piercings | [ ] a Laura y Manuel

1. Diego ______ [1] prefiere viejos y rotos. Así ______ [ ] gustan mucho.
2. Su madre ______ [ ] da el dinero. ______ [ ] va a comprar con sus amigos.
3. Diego no ______ [ ] sabe. ______ [ ] dice 38 o 40.
4. La madre de Laura ______ [ ] contesta. Tomás no ______ [ ] quiere dejar un mensaje.

5. Manuel ______ ☐ pone en la mesa. ______ ☐ gusta enfadarse en la mesa.

6. ______ ☐ lleva en la cara. Manuel no ______ ☐ dice la verdad.

7 Jugad con dos dados. | Zeigt der zweite Würfel eine ungerade Zahl, bildet einen Satz mit **acabar de + infinitivo**, bei einer geraden Zahl einen Satz mit **estar + gerundio**. Für jeden Satz rückt ein Feld vor.

= vosotros = estar + gerundio

Estáis comiendo un bocadillo.

SALIDA	comer un bocadillo	leer una revista	charlar en el chat	ducharse
ver la tele	poner la mesa	hacer los deberes	estudiar español	hablar por teléfono
escribir un mensaje	hacer una tortilla	leer un mensaje	entrar en la tienda	llevar la ensalada al comedor
META	contestar los mensajes	poner las fotos en Internet	ver las fotos	dejar un recado

ESPAÑA EN DIRECTO

DELE **8** **a** Lee los textos de los chicos. | Auch wenn du die folgenden Ausdrücke nicht kennst, kann dir der Kontext helfen, sie zu verstehen. Welcher Ausdruck passt am besten?

1. dar la lata a alg.	dar consejos a alg.	☐	no dejar a alg. en paz	☐
2. pelearse con alg.	tener bronca con alg.	☐	llevarse bien con alg.	☐
3. las tonterías	cosas que no son importantes	☐	cosas que son importantes	☐
4. nadie me molesta	estoy harto	☐	todos me dejan en paz	☐
5. ¡Tan malo no es!	Está bien.	☐	Está mal.	☐

Lo mejor…
Sólo tengo un hermano mayor que yo, y este año se va a la universidad, así que no le voy a dar más la lata. Parece que los hijos únicos son felices pero yo creo que les falta algo. ✦ Alicia, 13 años

Discutir todo el día…
Con mi hermano me estoy peleando todo el día, casi siempre por tonterías. Pero al final no podemos estar el uno sin el otro y, si no nos vemos durante unos días, empezamos a echarnos de menos. ✦ Carlos, 14 años

¡Tan malo no es!
Yo no tengo hermanos, pero tengo tres primos y siempre pasamos juntos las vacaciones de verano. ¡Nos llevamos súperbien! Bueno, y cuando estoy solo en mi habitación y sé que es para mí y nadie me molesta allí… Entonces, ¡tan malo no es! ✦ Quique, 13 años

Siempre hay gente en casa
Creo que es mejor tener hermanos que ser hijo único. Es muy divertido cuando, en casa o durante las vacaciones, puedes estar con ellos, conocer a sus amigos y jugar también con ellos. En mi casa siempre hay gente, así que es difícil aburrirse. ✦ Diana, 14 años

b Y tú, ¿qué prefieres? ¿Tener hermanos o ser hijo único? Escribe un texto en tu cuaderno.

AUTOCONTROL 5

Lösungen auf S. 102

1 **Redemittel.** | **¿Qué llevan? Describe a los chicos.**

____

____

____

____

____

____

____

2 a **Demonstrativbegleiter.** | **Completa con una forma de este.**

__________ librería

__________ entradas

__________ fin de semana

__________ mochila

__________ cedés

b **Completa con una forma de ese.**

__________ bicis

__________ asignaturas

__________ resultado

__________ notas

__________ exámenes

3 **Estar + gerundio. ¿Qué están haciendo las personas? Escribe las frases en tu cuaderno.**

1. *comer* / yo

2. ¿qué / *hacer* / tú?

3. Felipe / *leer* (¡!)

4. Sí, mamá / *poner* / nosotras / la mesa

5. ¿qué / *escuchar* / vosotros?

6. *escribir* / ellos / examen de Biología

4 **Die indirekte Rede.** | **Laura habla primero con Diego, después con Tomás. Laura le cuenta a Vega qué dicen los chicos. ¿Qué dice?**

Hola, Laura, oye, ¿qué deberes de Inglés tenemos para mañana? Ah, estoy en la plaza con Roberto, ¿no quieres venir también? ¿O tienes que estudiar, como siempre?

Diego

Hola, Laura, oye, estás con Vega, ¿verdad? Creo que ella todavía tiene mi libro de Historia, lo necesito mañana. ¿No podéis pasar por mi casa? No sé... ¿A qué hora queréis pasar?

Roberto

5 **Die Objektpronomen.** | **Los pronombres de complemento directo e indirecto. Completa las frases.**

1. –Pues no, Vega no está. ¿__________ quieres dejar un recado?
2. –No gracias, __________ veo mañana en el instituto.
3. Tus abuelos ya tienen móvil. ¿__________ puedes escribir un mensaje?
4. Diego, a los amigos que te están esperando en el concierto, ¿__________ conozco?
5. –Mira, este libro. ¿__________ compro o no __________ compro para Tomás? –¿Por qué no __________ compras esa gorra?
6. –Tengo el teléfono secreto[1] de mi cantante favorita. ¿Qué hago –__________ llamo?
7. –Claro, porque mañana canta en «La Arena». –Pues, ¡ya __________ sé!

1 secreto/-a *geheim*

6 **Das Relativpronomen que.** | **Relaciona las partes que van juntas. Después, contesta las preguntas.**

1. ¿Cómo se llama el chico que	está con los chicos en Baqueira?	__________
2. ¿Cómo se llama la chica que	está vieja y rota. ¿Qué es?	__________
3. ¿Quién es el chico que	le gusta mucho a Laura?	__________
4. ¿Cómo se llama el profesor que	aprende a tocar la guitarra en Internet?	__________
5. Diego lleva ropa que	quiere ir a la bolera con Roberto?	__________

6 COLOMBIA

¡ACÉRCATE!

COMPRENDER EL TEXTO

1 **Completa el texto para presentar Colombia.** ▶ Texto, p. 104

Colombia es un ______________ dos veces más grande que España. Colombia está ______________ en el ______________ de América del Sur. Su ______________ viene de Cristóbal Colón que «descubrió»[1] América en 1492. ______________ con Venezuela y Brasil en el ______________, con Panamá en el ______________ y con Ecuador y Perú en el ______________. En el norte del país empieza la ______________ de los Andes. La ______________ de Colombia es Bogotá y tiene ocho millones de ______________. El país es un ______________ importante de café, plátanos y ______________. La ______________ oficial de Colombia es el español.

1 descubrió *er entdeckte*

ESCUCHAR

2 a **Encuentra los números en la sopa de letras.**

1. Mil quinientos cincuenta
2. Trece mil doscientos veintitrés
3. Cincuenta mil dos
4. Trescientos ochenta
5. Cuatro mil novecientos sesenta y cinco
6. Setecientos cuarenta y ocho
7. Cinco mil quinientos quince
8. Ocho millones doscientos veintidós mil doscientos treinta y dos

4	9	6	5	3	1	6
1	5	5	0	8	3	5
7	2	2	2	0	2	4
4	5	5	1	5	2	3
8	2	2	2	2	3	2
5	0	0	0	2	2	1

24–26 **b** **Escucha y completa la ficha de estas ciudades colombianas.**

Medellín

Fundada en[1]: ______________

Habitantes: ______________

Altitud[2]: ______________

Distancia[3] a Bogotá (km): ______________

Cartagena de Indias

Fundada en: ______________

Habitantes: ______________

Altitud: ______________

Distancia a Bogotá (km): ______________

Cali

Fundada en: ______________

Habitantes: ______________

Altitud: ______________

Distancia a Bogotá (km): ______________

1 fundada en *gegründet* 2 la altitud *die Höhe* 3 la distancia *die Entfernung*

6A AYER EN BOGOTÁ

COMPRENDER EL TEXTO

1 a ¿Qué hizo Sandra ayer? Completa las frases con la información que falta. ▶ Texto, p. 107

[1] muy tarde a casa [2] Justo antes del concierto [3] un día muy largo para Sandra [4] a las diez
[5] casi se perdieron [6] el día fuera [7] el bus a las once [8] Parque Simón Bolívar
[9] a la cama [10] primero a Manuela [11] cenaron

Ayer Sandra pasó [ ]. Llegó [ ] y cuando llegó, [ ]. Después se fue [ ]. Se acostó [ ]. Fue [ ].
Ayer Andrés y ella tomaron [ ], fueron al [ ]. Cuando llegaron, buscaron [ ] y después fueron al lugar del concierto y [ ]. [ ] llegó Carlitos con Diego.

b Escribe el texto completo en tu cuaderno.

PRACTICAR

2 a Sandra llama a su prima. ¿Qué le cuenta? Completa el diálogo con los verbos en el pretérito indefinido.
▶ Resumen, p. 115/1

1. ¿Qué? ¿Cómo? ¿ ______ (*perderse*) ayer? –Bueno, casi ______.
2. Pues, ¿adónde ______ (*ir*) ayer? – ______ al concierto.
3. ¿A qué hora ______ (*volver*) a casa? –Pues ______ a las diez.
4. ¿ ______ (*salir*) con Carlitos? –No, ______ con Andrés.
5. Pero… ¿ ______ (*encontrarse*) con Carlitos? –Sí, ______ con él y… ¡con Diego!
6. ¿Y qué ______ (*hablar*) con Diego? –Pues, ______ muy poco con él.

b Carlitos y Diego charlan en Internet con Laura y Vega. Completa con las formas de los verbos en el pretérito indefinido. ▶ Resumen, p. 115/1

1. –¡Hola, chicos! ¿Qué tal ayer? ¿ ______ (*salir*) a la playa? –No, ______ por la tarde a un concierto.
2. –¿ ______ (*quedar*) con amigos? –No, no ______ con amigos.
3. –¿ ______ (*tomar*) fotos del concierto? –Sí, ______ muchas fotos.
4. –Y después del concierto, ¿adónde ______ (*ir*)? – ______ a mi casa y hablamos un poco.

3 **«¿Esquiar? ¡Fue genial! ...» Completa con las formas del pretérito indefinido.** ▶ Resumen, p. 115/1–3

Hace cuatro meses, los chicos ____________ (*ir*) a Baqueira, un pueblo en los Pirineos. ____________ (*llegar*) un lunes a las ocho de la tarde. ____________ (*cenar*) rápido y después ____________ (*ir*) a sus habitaciones para dormir. Pero Diego y Roberto no ____________ (*acostarse*): ____________ (*escuchar*) cedés a todo volumen y ____________ (*charlar*) con sus amigos. Por eso, poco después, ____________ (*llegar*) Germán, el profesor de Educación Física. Entonces los chicos ____________ (*callarse*) y ____________ (*ir*) a la cama. En Baqueira Diego ____________ (*aprender*) a esquiar. Los profesores le ____________ (*explicar*) todo muy bien. Los días ____________ (*pasar*)... ¡Esquiar ____________ (*ser*) genial, pero también bastante agotador!

4 **Usa cuando y cuenta qué pasó ayer. Escribe las frases en tu cuaderno.** ▶ Resumen, p. 115/5

1. Carlos / *salir* de casa / *encontrarse* con Diego

2. Sandra y Andrés / *buscar* el concierto / casi *perderse*

3. Diego y Carlos / *ir* al concierto / *encontrarse* / Sandra y Andrés.

4. Diego / *ver* a Sandra / *callarse*

5. Sandra / *llegar* a casa / *cenar* / *irse* a la cama

6. Diego / *acostarse* / *pensar* / todo el tiempo / Sandra

5 Preparad y haced el juego de roles, p. 91/92.

VOCABULARIO

6 Escribe un texto sobre el Parque Simón Bolívar con la información del texto 6A. Usa **concierto/s**, **lago**, **playa**, **festival/es**, **verano**, **jugar**.

El Parque Simón Bolívar está en ______

______

______

______

______

COLOMBIA EN DIRECTO

7 a Mira el póster. ¿Qué significan estas palabras en alemán?

el concierto: ______

los artistas: ______

la fecha: ______

nacional: ______

los maestros: ______

b Ein/e Freund/in stellt Fragen zu dem Poster. Beantworte sie.

1. Was ist das für eine Veranstaltung?

______

______

2. Wann und wo findet sie statt?

______

______

3. Wie bekomme ich mehr Informationen?

______

6B EL GOLOMBIAO

VOCABULARIO

DELE **1** **Lee otra vez el texto sobre el golombiao. Completa las frases.** ▶ Texto, p. 111

no sólo … sino también pero porque (x2) al final así tampoco además

1. El golombiao ______ es un juego, ______ es un proyecto social.
2. Muchas chicas no pudieron jugar ______ para sus padres el fútbol es un deporte de chicos.
3. El primer gol lo metió Miguel ______ no valió ______ una chica siempre tiene que meter el primer gol.
4. El golombiao es un deporte muy bacano en Colombia. ______ tiene mucho éxito en otros países.
5. No hay tarjetas amarillas. ______ hay árbitro en el partido.
6. Los puntos por el comportamiento cuentan. ______ son las reglas.
7. Terminó el partido y ______ los chicos hicieron una fiesta. Fue superbacano.

PRACTICAR

2 **Tú participas en un campeonato de golombiao con chicos y chicas de América Latina y España. Tus amigos alemanes no hablan español. Ayúdalos. Formula las frases o preguntas en alemán o en español.**

1. ______
2. ______

3. ______

4. ______

5. ______

6. ______

3 a **¿Qué verbos se esconden aquí? Encuéntralos y conjúgalos en pretérito indefinido.** ▶ Los verbos, p. 181–184

estar
estuve

b **¿Cómo estuvo la fiesta? Completa con los verbos en el pretérito indefinido.** ▶ Resumen, p. 115/1–3

–¿Qué ______ (*hacer* / vosotros) ayer? ¿Por qué no ______ (*estar* / vosotros) en la fiesta de cumpleaños de Sandra?

–Pues no ______ (*poder* / nosotros) ir. Es que ______ (*tener* / yo) dolores de cabeza, por eso me quedé en casa. ¿Qué tal la fiesta?

–Pues ¡genial! La música ______ (*estar*) superbuena y bailamos mucho. ______ (*estar*) todos: Liz, Roberto, Cristina…

–¿Ah sí? ¿Y ______ (*estar*) Manolo también?

–Sí, pero él no ______ (*poder*) bailar porque habló todo el tiempo con su novia. No sé qué les pasa. Creo que tienen problemas.

–¡Qué pena! ¿Y tú, con quién ______ (*hablar*)?

–No ______________ (*tener*) tiempo para hablar, ______________ (*bailar*) casi todo el tiempo. Es que la música me gustó tanto…

4 **Los chicos jugaron ayer al golombiao. Usa antes de + infinitivo o después de + infinitivo y cuenta qué pasó ayer.** ▶ Resumen, p. 115/6

1. los equipos / empezar a jugar / discutir las reglas

Antes de empezar a jugar, los equipos discutieron las reglas.

Después de discutir las reglas, ______________

2. todos / terminar el juego / estar contento/-a

____

3. los equipos / ir al entrenamiento / charlar un poco

____

____

4. la idea del golombiao / tener éxito en Colombia / llegar a otros países

____

____

5 **Haced el tándem, p. 97**

ESCUCHAR

27 **6** **¿Qué hicieron estos chicos ayer? Escucha y apunta.**

Luz: ______________

Iván: ______________

José: ______________

Pepa: ______________

Gerardo: ______________

28 **7** **Un asesor del golombiao cuenta. Escucha y ordena las frases.** | **Vorsicht! Vier Sätze sind zu viel!**

DELE

Vor dem Hören lies dir alle Sätze genau durch.

- [ ] Empezamos a organizar equipos.
- [ ] Los padres también jugaron en el torneo[1].
- [ ] Al principio fue bastante difícil.
- [ ] Con el tiempo la idea tuvo éxito.
- [ ] Hay más respeto entre las chicas y sus padres.
- [ ] Muchas chicas no pudieron participar.
- [ ] Pero fue una experiencia[2] genial.
- [ ] Por eso el fútbol fue un deporte para chicos.
- [ ] Ahora juegan chicos de familias pobres.
- [1] Todo empezó en el año 2006.

1 el torneo *das Turnier* 2 la experiencia *die Erfahrung*

8 **Cuenta cómo pasaste tus últimas vacaciones.**

Mi rincón

¿Fuiste a esquiar?

¿Estuviste en la playa?

¿Qué hiciste?

¿Te quedaste en casa?

¿Qué te gustó y qué no te gustó?

por la mañana/tarde/noche
a mediodía
a las…
después
luego
de repente
cuando
después de + infinitivo

TU FOTO

AUTOCONTROL 6

Lösungen auf S. 103

1 a **Pretérito indefinido. Conjuga los verbos en el pretérito indefinido.**

	habl**ar**	com**er**	escrib**ir**
[yo]			
[tú]			
[él/ella]			
[nosotros/-as]			
[vosotros/-as]			
[ellos/-as]			

b **Conjuga los verbos. ¿Qué formas son irregulares? Subráyalas.**

	lle**gar**	empe**zar**	sa**car**
[yo]			
[tú]			
[él/ella]			

29 **2** **Pretérito indefinido. Escucha las frases y marca la forma correcta.**

a **¿Quién: yo o él/ella?**

	Presente	Pretérito indefinido
1.	☐ llego	☐ llegó
2.	☐ hablo	☐ habló
3.	☐ canto	☐ cantó

b **¿Cuándo: hoy o ayer?**

	Presente	Pretérito indefinido
4.	☐ llegamos	☐ llegamos
5.	☐ tomamos	☐ tomamos
6.	☐ hablamos	☐ hablamos

3 **Pretérito indefinido. Completa con la forma correcta del verbo.**

1. –¿Qué __________ (*hacer* / vosotros) ayer? –__________ (*ir* / nosotros) a la bolera. ¡__________ (*ser*) genial!
2. –¿Por qué no __________ (*venir* / tú) a mi fiesta de cumpleaños ayer? –Lo siento mucho. Ayer __________ (*estar*) enferma. Y por eso, no __________ (*poder*) venir.
3. –¿Por qué no __________ (*ponerse* / tú) el abrigo antes de esquiar? Claro que ahora tienes frío[1].
4. Carlos, Sandra, Andrés y Diego __________ (*estar*) en el Parque Simón Bolívar ayer.

1 tienes frío *dir ist kalt*

4 Temporalsatz. | Un turista que estuvo en Colombia cuenta. Une las frases con **cuando**.

llegar/visitar[1] Bogotá

ir al concierto / *tomar* fotos

viajar a Medellín / *ver* la Cordillera de los Andes

tener que volver / *ponerse* triste

1 visitar *besichtigen, besuchen*

1. Cuando llegué, visité primero la capital, Bogotá.
2. ______
3. ______
4. ______

5 Temporalsatz. | Usa **antes de** o **después de + infinitivo** y cuenta qué hizo Diego en la Semana Blanca.

1. ducharse → desayunar con los compañeros y los profesores

Antes de ______

______

2. ponerse el abrigo → salir para esquiar

______, se puso el abrigo.

Después de ______

3. bajar por la pista a toda pastilla → caerse

______, se cayó.

4. levantarse → dolerle las piernas

Después ______

5. hablar con Roberto → acostarse

______, habló con Roberto.

______, se acostó.

7

DE VIAJE POR ESPAÑA

¡ACÉRCATE!

PRACTICAR

1 **Busca en el texto las palabras y expresiones para:**

preguntar por el camino[1]: ______________________________

____

explicar el camino: ______________________________

____

1 el camino *Weg*

2 **Preparad y haced el juego de roles de la página 91/92.**

3 a **Encuentra las formas del verbo seguir y apúntalas. Hay también dos formas de otro verbo. ¿Cuáles?**

s	s	i	g	u	e	s	r
e	r	s	p	w	o	i	e
g	e	i	i	g	o	g	p
u	p	g	b	s	u	u	i
i	e	u	g	i	a	e	t
m	t	e	a	g	x	n	e
o	í	x	e	o	e	z	s
s	s	s	e	g	u	í	s

b **Escribe tres frases con cada verbo.**

ESCUCHAR

30–32 **4** DELE **Tres chicos están en la Plaza de la Fuente. Escucha y mira en el plano de Salamanca en el libro: ¿adónde quieren ir? ¿Qué buscan?**

1. Luis: ______________ 2. Mari: ______________ 3. Juan: ______________

7A ¡POR FIN VACACIONES!

COMPRENDER EL TEXTO

DELE **1** **Busca la información en el texto.** ▶ Texto, p. 123–124

	¿Adónde va a ir?	Actividades
Vega	______	______
	______	______
Laura	______	______
	______	______
Roberto	______	______
	______	______

VOCABULARIO

2 a **Apunta los sinónimos (=) y los antónimos (≠):**

1. Viven al lado.	=	______	6. dejar a tu aire	≠	______
2. Hablan sobre otros.	=	gente ______	7. no pensar en alg.	≠	______
3. Nadie lo sabe.	=	Es ______	8. con	≠	______
4. el café con Internet	=	______	9. divertirse	≠	______
5. el chico	=	______	10. salir, irse	≠	______

b **Explica las siguientes palabras.** ▶ Wörter umschreiben, p. 160

1. la farmacia ______
2. repetir algo ______
3. el supermercado ______
4. una calle con marcha ______
   ______
5. ser una pasada ______

3

Inventa las frases para completar los diálogos: ¿qué dicen los otros chicos?

1. ______________________________

2. ______________________________

3. ______________________________

4. ______________________________

5. ______________________________

6. ______________________________

PRACTICAR

4

¿Qué van a hacer en las vacaciones? Usa el futuro inmediato. ▶ Resumen, p. 130/2

participar hacer aprender apuntarse ensayar mucho leer	muchas caminatas a jugar al voleibol en el campeonato de ping-pong con el grupo de teatro con su grupo de música un montón de libros

1. Roberto ______
2. [Yo] ______
3. Laura y Vega ______
4. Nosotros ______
5. ¿Y vosotras? ______
6. Vega ______
7. –¿Y tú? ¿Qué ______ hacer? –______

5 a **Busca para cada determinante cuatro sustantivos. Piensa en los temas «el instituto», «la familia».** ▶ Resumen, p. 130/3

1. todo el	2. todos los	3. toda la	4. todas las
______	______	______	______
______	______	______	______
______	______	______	______
______	______	______	______

b **Describe el último día de clases antes de las vacaciones. Usa cuatro expresiones de a.**

______

______

______

______

6 **¿Qué cuenta Roberto de La Alberca? Completa con la forma correcta de mucho/-a (1), poco/-a (2), otro/-a (3) o todo/-a (4).**

En La Alberca conozco a ______ (1) gente. Casi ______ (4) los chicos de mi edad se quedan en el pueblo durante[1] el verano. Aquí en invierno hay ______ (1) nieve y ______ (1) turistas vienen a la región para esquiar, pero en verano ______ (2) gente se queda por la noche en el pueblo. Así que por la tarde ____________ (4) el pueblo está tranquilo y pasamos ____________ (1) horas en la plaza. ____________ (4) los días vamos a la sierra, para hacer picnic[2] o para nadar[3] en los ríos. Ayer también fuimos y llevamos a la hermana pequeña de Luis. ____________ (4) el día nos dice: ya no puedo más, tengo ____________ (1) hambre, quiero ____________ (3) zumo… Al final comió ____________ (4) la tortilla y, claro, hoy ¡está enferma! Bueno, ya en ____________ (2) días vuelvo a casa, ____________ (3) vez van a empezar las clases. Pero también echo de menos a ____________ (4) los amigos de Salamanca.

1 durante *während* **2** el picnic *das Picknick* **3** nadar *schwimmen*

7 a **Los padres quieren hacer un viaje en bicicleta con sus hijos. Imagina primero los argumentos de la familia.**

la madre ☺

el padre ☺

Marisa, la hija (15 años) ☹

Manuel, el hijo (12 años) ☺

b **Inventa la discusión en la familia y escribe un diálogo.**

7B BESOS Y RECUERDOS A TODOS

COMPRENDER EL TEXTO

1 **Busca en el texto palabras y expresiones y apúntalas.** ▶ Texto, p. 126

las actividades: ______

el tiempo: ______

escribir una carta: ______

PRACTICAR

2 a **Relaciona los imperativos.** ▶ Resumen, p. 130/4

DELE

Contesta la carta.	1	a	Dalo a tu hermana.
Ayuda a Vega y Laura.	2	b	Ciérrala.
Da a tu hermana el libro.	3	c	Contéstale.
Da a tu hermana el libro.	4	d	Ayúdalo.
Cierra la puerta.	5	e	Contéstala.
Ayuda a tu abuelo.	6	f	Dale el libro.
Contesta a tu madre.	7	g	Ayúdalas.

b **¿Qué dices en estas situaciones? Usa el imperativo y un pronombre.** ▶ Resumen, p. 130/4

1. Ves a un amigo en la calle y habláis de sus hermanos. ______ *(dar)*
2. Quedas con un amigo delante del cine. ______ *(esperar)*
3. Escribes a una amiga y quieres una respuesta de ella. ______ *(escribir)*
4. Tu hermana pequeña no quiere decir la verdad. ______ *(decir)*
5. Un amigo quiere contarte algo. ______ *(contar)*
6. Tu amigo busca zapatillas y ves unas muy bonitas en la tienda. ______ *(comprar)*

3 a **En el campamento de Roberto hay un chico muy tímido. Completa las frases con no … nadie/nunca/nada.**

1. A Roberto le gusta mucho el campamento. A Luis no ______.
2. Roberto siempre charla con Francisco y Migueliño. Luis ______
3. Roberto siempre participa en los campeonatos. ______
4. Roberto siempre cuenta chistes. ______
5. En la habitación de Roberto hay gente. ______
6. Roberto ______. Luis siempre se aburre.

b **¿Cómo dices estas frases en español?** ▶ Resumen, p. 130/5

1. Luis sagt nichts. ____________________
2. Tomás ruft nie an. ____________________
3. Vega will niemanden sehen. ____________________
4. Manuel will nichts erzählen. ____________________
5. Laura gefällt niemand. ____________________

4 **Haced el tándem, p. 98.**

ESCUCHAR

33 **5** **Los chicos cuentan adónde van o qué hacen en sus vacaciones. Escucha y apunta tres cosas por cada persona.**

Alicia

Carmen

Pedro

Luisa

1. Alicia prefiere ir a ____________________
2. Carmen ____________________
3. Pedro ____________________
4. Luisa ____________________

34 **6** **Un señor vende postales. ¿De qué monumentos habla? Escucha y márcalos.**

- ☐ Las dos catedrales
- ☐ La Casa Liz
- ☐ La Casa de las Conchas
- ☐ La Universidad de Salamanca
- ☐ La Plaza Mayor
- ☐ La Clerecía
- ☐ El Puente Romano
- ☐ El Estadio El Helmántico
- ☐ San Esteban
- ☐ Palacio de Monterrey
- ☐ El Huerto de Calixto y Melibea
- ☐ La ranita[1]

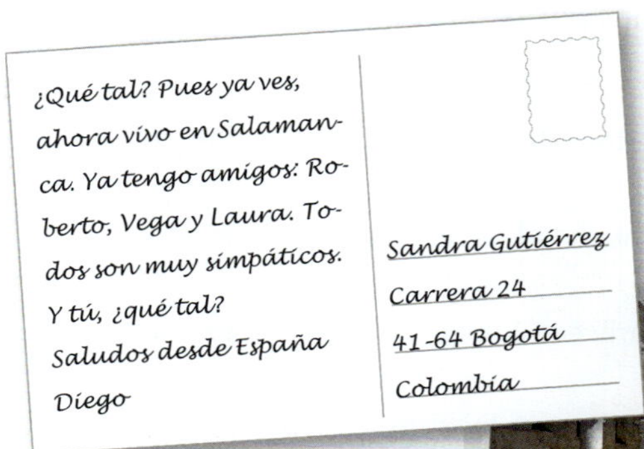

1 la ranita *der kleine Frosch*

ESPAÑA EN DIRECTO

7 **Busca el pueblo La Candelaria en un mapa de España. Después contesta las preguntas en tu cuaderno.**

1. ¿Quién puede participar en este campamento?
2. ¿Cuánto cuesta?
3. ¿Qué ropa tienen que llevar los chicos?
4. ¿De dónde y cuándo salen los chicos de viaje? ¿Cuándo y adónde vuelven?

«CAMPAMENTO EN CANDELARIO»

FECHAS: 1 al 10 de agosto.

LUGAR: Albergue Juvenil de Candelario (Salamanca).

EDADES: 10–15 años.

PLAZAS: 40

REGIMEN DE ALOJAMIENTO: Albergue Juvenil, en habitaciones con literas y P.C.

DESCRIPCIÓN DE LA ACTIVIDAD: Actividades deportivas, de aire libre y educación ambiental.

MATERIAL NECESARIO: Bañador, toalla y útiles de aseo. Mochila. Ropa deportiva y chándal. Gorro. Jersey. Calzado cómodo para marchas. Cantimplora. Polos y camisetas.

MATERIAL ACONSEJABLE: Anorac o chubasquero. Linterna. Instrumento musical. Libros de lectura. Crema solar, de labios y para mosquitos.

CUOTA: 100 €. La devolución de la cuota únicamente se realizará por suspensión de la actividad.

SALIDA: 1 de agosto a las 10 h. desde Avda. Mirat (frente biblioteca municipal).

REGRESO: 10 de agosto sobre las 12 h., al mismo lugar de partida.

8 **Describe tus actividades preferidas en verano.**

Mi rincón

TU FOTO

AUTOCONTROL 7

Lösungen auf S. 104

1 **Wortschatz.** | **Apunta todas las palabras y expresiones que necesitas para:**

hablar sobre el tiempo: ____________________

____

escribir una carta: ____________________

____

2 **Redemittel.** | **Explícale el camino a un turista de España. Escribe el texto en tu cuaderno.**

Perdona, ¿está por aquí el comedor universitario?

Por favor, ¿dónde está la casa de las Conchas?

3 **Ordnungszahlen.** | **Mira el dibujo y escribe los artículos y los números ordinales.**

Lucía es ____________________

Roberto es ____________________

Luis es ____________________

Ana es ____________________

Tomás es ____________________, ¡pero es ____________________!

Tina es ____________________.

¡Felicidades!

4 **Futuro inmediato. Usa el futuro inmediato: ¿Qué (no) van a hacer?**

1. En agosto / (*ir* / yo) a Valencia. ______
2. Todos los días / (*ir* / nosotros) a la playa. ______
3. Todas mis primas / estar allí. ______
4. Y tú, ¿qué / *hacer*? ______
5. No sé, / (*quedarse* / nosotros) en Salamanca. ______
6. ¿(*quedarse* / vosotros) / todo el tiempo en casa? ______

5 **Angehängte Pronomen.** | **Usa el pronombre de complemento directo o indirecto y escribe las frases.**

1. <u>Ana</u> lo necesita. *Dar* el libro / ahora mismo ______
2. No puedo comprar <u>las entradas</u>. *Comprar* / por favor ______
3. <u>Vega</u> tiene problemas con los deberes. *Ayudar* / por favor ______
4. No entiendo <u>la frase</u>. *Repetir* / por favor ______
5. <u>El señor</u> no sabe dónde está el hotel. *Explicar* el camino ______
6. No tengo dinero para pagar <u>el zumo</u>. *Pagar* / por favor ______
7. <u>Tus abuelos</u> esperan una postal de ti. *Escribir* / mañana ______

6 **Pretérito indefinido. Completa el texto con los verbos en el pretérito indefinido.**

Vega ______ (*llegar*) la semana pasada. ______ (*hacer* / nosotras) muchas cosas, ______ (*ser*) genial. Un día, ______ (*subir* / nosotras) a la montaña rusa, después ______ (*ir* / nosotros) al cine con Francesc. Al día siguiente no ______ (*hacer*) buen tiempo, ______ (*quedarse* / nosotras) en casa y ______ (*ver* / nosotras) dos películas. También mi padre nos ______ (*llevar*) a la Costa Brava, ______ (*visitar* / nosotros) Cadaqués e ______ (*hacer* / nosotros) un montón de fotos. Ayer ya Vega ______ (*irse*) y ______ (*volver*) a Salamanca. La echo de menos.

BARCELONA

COMPRENDER EL TEXTO

1 **Cuando vuelve a casa, Francesc le cuenta a sus padres qué han hecho Vega y Laura esta tarde. Apunta en tu cuaderno qué dice.** ▶ Texto, p. 138–139

Hoy Laura y Vega	(no)	han comido han dado una vuelta han estado han hecho han ido han quedado han subido han visitado han visto se han levantado han tomado	[–] a de en por	el Barrio Gótico. / el Parque Güell. / el Tibidabo. conmigo. la Catedral del Barrio Gótico. / las Ramblas. miles de fotos. temprano. un montón de músicos. una buena cafetería. un montón de cosas.

PRACTICAR

2 **Vega le cuenta a Francesc qué piensa de Salamanca y Barcelona. Usa el comparativo y haz frases.** ▶ Resumen, p. 145/3

1. el centro de Salamanca / (+) bonito/-a / el Barrio Gótico

Pues para mí el centro de Salamanca es más bonito que el Barrio Gótico.

2. los salmantinos / (=) divertido/-a / los barceloneses

____

3. la Plaza Mayor / (+) bonito/-a / las Ramblas

____

4. las dos catedrales / (–) interesante / la Sagrada Familia

____

5. el equipo de fútbol de Salamanca / (–) bueno/-a / el FC Barcelona

____

6. los barceloneses / (+) curioso/-a / los salmantinos

____

3 ¿Qué dices tú? Usa «más/menos … que» y «tan … como». ▶ Resumen, p. 145/3

interesante | tranquilo/-a | fácil | caro/-a | bueno/-a | bonito/-a | difícil | moderno/-a | agotador/a | famoso/-a | divertido/-a | aburrido/-a | importante

1. Para mí, esquiar es ______ jugar al fútbol.
2. Ir al cine es ______ ir al teatro.
3. Creo que el inglés es ______ el español.
4. Leer es ______ ver la tele.
5. Creo que los libros son ______ las películas.
6. Para mí el pop es ______ el rock.
7. Para mí las fiestas en España son ______ las fiestas en Alemania.
8. Creo que Salamanca es ______ mi ciudad.
9. Para mí la sierra es ______ la playa.

4 **Francesc ha salido de casa sin ver a sus padres ni a su hermana Merce, por eso les ha dejado mensajes. ¿Qué ha escrito? Completa con el pretérito perfecto.** ▶ Resumen, p. 145/1

Hola, mamá, ______ (salir / yo) con Laura. ______ (venir / ella) a Barcelona con Vega. Merce y yo todavía no ______ (comprar) zumo y jamón, es que no ______ (tener) tiempo. ¡Lo siento! Otra cosa: ______ (llamar) los vecinos, no vienen esta tarde.

Merce, ______ (encontrar / yo) tu móvil debajo del sofá. ¡______ (recibir / tú) muchos mensajes! Claro, no los ______ (leer / yo)… Laura y yo ______ (quedar) a las cinco en las Ramblas. ¿Vienes?

B SUPLEMENTO CATALUÑA

MI LUGAR FAVORITO

COMPRENDER EL TEXTO

1 **¿Quién es? ¿Laura (1), Rubén (2), Jordi (3), Nuria (4) o Laia (5)? Escribe a quién se refieren las frases.**

▶ Texto, p. 142

1. ☐ En Barcelona su vida ha cambiado mucho.
2. ☐ Es reportera del periódico escolar.
3. ☐ Le gusta ir a su lugar favorito por la mañana.
4. ☐ Le gusta ir en bici.
5. ☐ Nació en Ecuador.
6. ☐ Le gustan las tiendas pequeñas de música.
7. ☐ Hace entrevistas.
8. ☐ Va a su lugar favorito después del instituto.
9. ☐ En su lugar favorito puede sentarse y ver a la gente.
10. ☐ Ayer aprendió a tocar su canción favorita.

ESCUCHAR

35 **2 a** **Diego cuenta de su vida en Salamanca. Escucha: ¿de qué temas habla Diego? Márcalos.**

☐ la vida en Bogotá
☐ su país favorito
☐ la Plaza Colón
☐ Sandra y Carlitos
☐ el Puente Romano
☐ las calles en Salamanca
☐ su lugar favorito
☐ los estudiantes de otros países
☐ las calles en Bogotá
☐ su mejor amigo
☐ Laura y Vega
☐ la comida de Colombia
☐ la Plaza Mayor

Überlege dir, was du vor und nach dem Hören machen kannst, um die Übung besser zu lösen.

35 **b** **Escucha otra vez: ¿de qué otros temas habla Diego? Apunta tres temas nuevos.**

____

____

APRENDER MEJOR

3 a **Wörter umschreiben. | ¿Qué es? Escribe la palabra o expresión correspondiente.** ▶ Wörter umschreiben, p. 160

1. El sustantivo de «cantar»: ______________________.

2. Es un antónimo[1] de «al final»: ______________________.

1 el antónimo *Gegenteil*

3. Cosas que no son nuevas son ______________________.

4. Un lugar con muchas obras de arte es un ______________________.

b **Ahora tú: Explica estas palabras. | Umschreibe diese Wörter.**

METHODEN ▶ S. 160
Wenn dir ein Wort nicht einfällt, versuche, es zu umschreiben.

1. el festival ______________________
____

2. el verano ______________________

3. quedarse ______________________

4. ganar ______________________

5. el/la profesor/a ______________________

6. el reportaje ______________________

c **Preparad y haced el juego de roles, p. 91/92.**

PRACTICAR

36 **4** **Vega cuenta de la Semana Blanca. Elige la forma correcta del verbo: pretérito indefinido o pretérito perfecto. Después escucha y revisa tus respuestas.** ▶ Resumen, p. 145/1–2

«En febrero pasado, ______________________ (*estar* / nosotros) en Baqueira, un pueblo en los Pirineos, para esquiar. ______________________ (*ser*) genial, pero aprender a esquiar al principio ______________________ (*ser*) muy difícil para mí. Desde entonces ya no ______________________ (*practicar* / yo). Creo que ya ______________________ (*olvidar*) cómo esquiar… Por eso quiero volver a Baqueira en invierno para practicar más. La semana pasada ______________________ (*preguntar*) a mis padres: ¿puedo ir a Baqueira otra vez?, y esta mañana mi mamá me ______________________ (*decir*) que no puedo ir sola, pero que sí puedo ir si Laura va conmigo y si compartimos una habitación. ¡Este verano ______________________ (*compartir* / yo) la habitación con Laura, y lo ______________________ (*pasar* / nosotros) bomba!»

5 **Haced el tándem p. 99.** ▶ Resumen, p. 145/1–2

6 **¿Quién es el mejor para ti? Compara a estas estrellas. Usa el superlativo. Escribe cinco frases en tu cuaderno.**

▶ Resumen, p. 145/4

Cristina Aguilera

Shakira

Juanes

el/la cantante

Penélope Cruz

Javier Bardem

Antonio Banderas

el actor / la actriz

gracioso/-a
interesante
aburrido/-a
divertido/-a
tranquilo/-a
importante
bueno/-a
famoso/-a

Ejemplo: De estos tres, para mí, Shakira es la cantante menos interesante.

7 **¿Qué es lo que más te gusta[1]? Cuenta: qué es lo que más te gusta hacer, comer, leer y escuchar. Cuenta qué es y por qué te gusta.**

Mi rincón

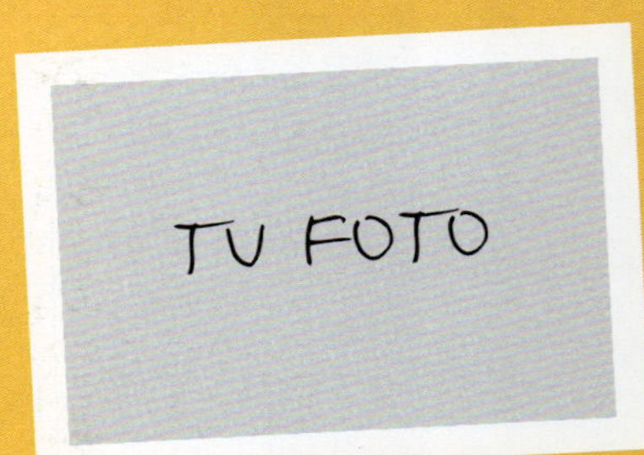

1 lo que más te gusta *was dir am meisten gefällt*

AUTOCONTROL SUPLEMENTO

Lösungen auf S. 105

1 **Conjuga los verbos en el pretérito perfecto.**

dar	habéis dado	poner	
acostarse		escribir	
vivir		ver	
recibir		hacer	

2 **Pretérito perfecto. | Vega le manda una postal a Diego. Escríbela.**

Hola Diego, Laura y yo lo pasamos bomba en Barcelona. Hoy…

levantarse temprano
dar una vuelta por el Barrio Gótico *ver* las Ramblas
ir a la Sagrada Familia
comer pan con tomate
visitar el Parque Güell

3 **Zeitangaben. | Cuenta Laura, la reportera del periódico escolar. Completa con un marcador temporal.**

[1] hoy [2] ya [3] primero [4] hasta hoy [5] hace dos años [6] este verano [7] el otro día [8] la semana pasada

[ ] tuvimos la idea de hacer un periódico. [ ] han salido doce números. En el proyecto [ ] participamos tres alumnos. Ahora somos quince. [ ] hemos hecho un montón de entrevistas y reportajes. [ ], por ejemplo, he hecho entrevistas a jóvenes en Barcelona, fue muy interesante. [ ] por fin escribí el reportaje. El número con este reportaje salió [ ]. Y [ ] he mandado tres revistas a los chicos de Barcelona por correo.

4 **Pretérito perfecto und pretérito indefinido. | Subraya la forma correcta.**

1. Hoy todavía no (*salí / he salido*) de casa.
2. Esta semana no (*tuve / he tenido*) tiempo para ti.
3. En 2010 España (*ganó / ha ganado*) por primera vez la copa mundial de fútbol.
4. El otro día (*vimos / hemos visto*) un partido muy interesante en la tele.
5. ¿Ya (*volviste / has vuelto*) de Barcelona? ¡Qué sorpresa!
6. El verano pasado (*fuimos / hemos ido*) a Mallorca.
7. Desde el mes pasado no (*hizo / ha hecho*) buen tiempo.

5 **Der Komparativ.** | **Usa más … que (+), menos … que (–) y tan … como (=).**

1. bueno/-a (+)

2. caro/-a (+)

3. grande (–)

4. fácil (=)

5. simpático/-a (=)

6. divertido/-a (–)

1. ______________________________

2. ______________________________

3. ______________________________

4. ______________________________

5. ______________________________

6. ______________________________

6 **Der Superlativ.** | **Los favoritos de los chicos. Compara y escribe frases.**

1. el instrumento / (+) bonito

2. el equipo de fútbol / (+) bueno/-a (!)

3. la peli / (+) romántico/-a

4. el país / (+) interesante

1. *Para Roberto, el instrumento más bonito es la guitarra.*

2. ______________________________

3. ______________________________

4. ______________________________

EINE ROLLE SPIELEN

Unidad 4, ejercicio 4, p. 48

Du hast in Baqueira Vega/Roberto kennen gelernt. Du unterhältst dich mit ihm/ihr über Schule und Unterricht.

Du erzählst/fragst

1. wie deine Schule heißt und fragst, wieviele Fächer Vega/Roberto hat.
2. dass du folgende Fächer hast: Mathe, Englisch, Spanisch, Geographie und Geschichte, Kunst, Sport und Naturwissenschaften.
3. Mathe und Naturwissenschaften sind deine Lieblingsfächer.
4. Englisch magst du gar nicht. Du fragst ihn/sie dann, ob er/sie Ski fahren kann.
5. ob er/sie nicht mit dir Skilaufen gehen will. Ihr könnt langsam hinunterfahren …

Unidad 6, ejercicio 5, p. 67

Lies deine Rolle durch, bevor du mit dem Rollenspiel anfängst. Du bist Sandra und erzählst einem Freund / einer Freundin (B), dass du Diego gestern begegnet bist. Erzähl B, wie dein Tag war:
- Du hast mit einem Freund telefoniert.
- Du hast Andrés im Parque Simón Bolívar getroffen und mit ihm über das Konzert geredet.
- Kurz vor dem Konzert ist Carlitos gekommen. Du wurdest sehr nervös, weil Diego auch dabei war. Diego hat leider ganz wenig mit dir geredet.
- Nach dem Konzert bist du nach Hause gefahren.
- Du konntest nicht so gut schlafen.

Du kannst zusätzliche Informationen und Details (Namen, Aktivitäten, Uhrzeiten) erfinden, um die Fragen von B zu beantworten.

Unidad 7, ejercicio 2, p. 74

Alumno/-a A pregunta por la panadería, el cine, el supermercado, el instituto.

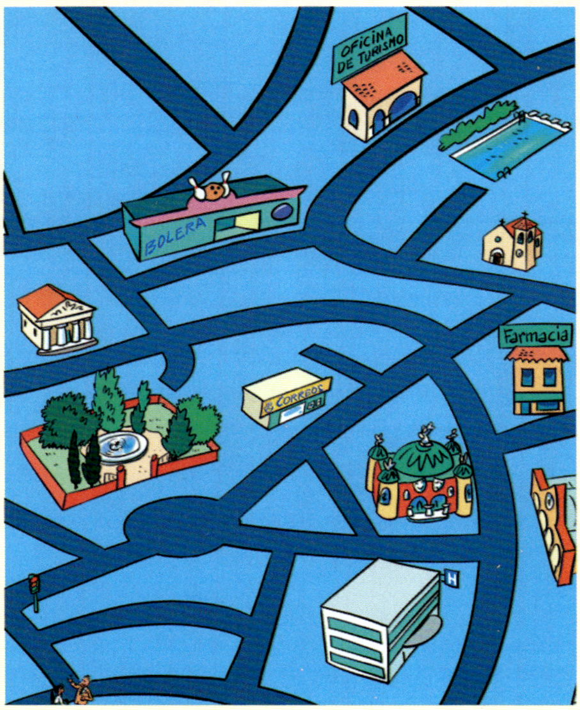

Suplemento Cataluña, ejercicio 3c, p. 87

Du bist in Barcelona und erzählst B, was du heute gegessen und probiert hast. Dir fallen leider die Bezeichnungen auf Spanisch nicht ein. Erkläre, welche Speisen und Getränke du probiert hast, indem du die Sachen umschreibst. B nennt dann die spanische Bezeichnung.

Has comido y bebido:

B erzählt dir, wo er/sie heute gewesen ist. Wenn er/sie einzelne Begriffe nicht weiß, hilf ihm/ihr und nenne das richtige spanische Wort.

B ha estado: en un estanco, en el puerto, en la estación de autobuses.

Unidad 4, ejercicio 4, p. 48

Du bist Vega/Roberto und hast in Baqueira einen deutschen Jungen / ein deutsches Mädchen kennengelernt. Du unterhältst dich mit ihm/ihr über Schule und Unterricht.

Du erzählst/antwortest

1. wie deine Schule heißt und wieviele Schüler in deiner Klasse sind.
2. wieviele Fächer ihr habt und fragst, wieviele Fächer er/sie hat.
3. welches dein Lieblingsfach ist.
4. welches Fach du gar nicht magst.
5. dass du einen Skikurs machst, mit deinem Freund Diego. Aber Diego geht heute nicht auf die Piste: ihm tut alles weh …
6. langsam, wieso langsam? Du bist ja kein kleines Kind … Na gut … dann fahr ihr gemeinsam.

Unidad 6, ejercicio 5, p. 67

Lies deine Rolle durch, bevor du mit dem Rollenspiel anfängst.

Du bist ein Freund / eine Freundin von Sandra (A). Du willst wissen, was A gestern gemacht hat. Frag Sandra:
- was sie gestern gemacht hat.
- mit wem sie telefoniert hat. Hat sie mit Carlitos telefoniert?
- ob sie auch mit Carlitos und Manuela verabredet war.
- ob Diego viel von seinem Leben in Spanien erzählt hat.
- ob Diego viel getanzt hat.
- ob sie mit Carlitos und Diego getanzt hat.
- warum sie nicht gut geschlafen hat.

Wenn A etwas Überraschendes erzählt, kannst du mit folgenden Wendungen reagieren:
¡Cuéntame! – ¡No me digas! – ¡Qué casualidad! – ¡Suerte! – ¡Vaya sorpresa!

Unidad 7, ejercicio 2, p. 74

Alumno/-a B pregunta por la farmacia, Correos, la oficina de turismo, la bolera.

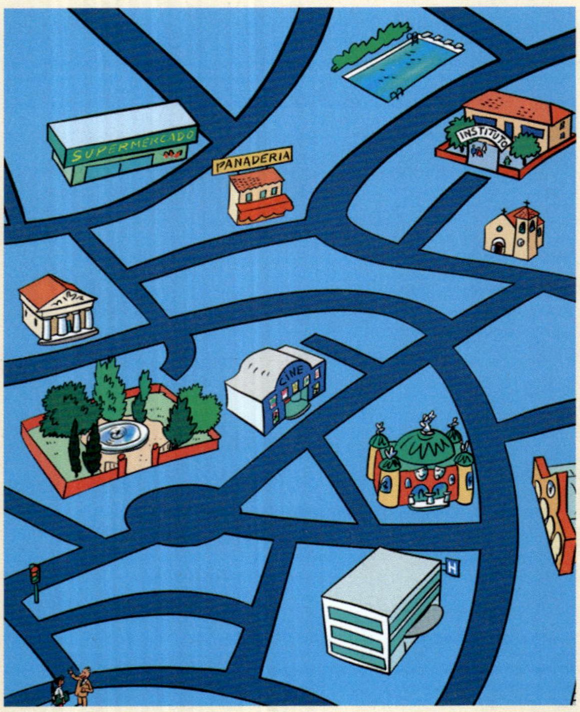

Suplemento Cataluña, ejercicio 3c, p. 87

Du erzählst A, wo du heute gewesen bist. Leider fallen dir die spanischen Bezeichnungen nicht ein. Versuche die Orte zu umschreiben. A nennt dir das richtige spanische Wort.

Has estado en:

A erzählt dir, was er/sie heute in Barcelona gegessen und getrunken hat. Wenn er/sie einzelne Begriffe nicht weiß, hilf ihm/ihr und nenne das richtige spanische Wort.

A ha comido y bebido: tortilla, un bocadillo de jamón, un granizado.

TÁNDEM UNIDAD 2

Arbeitet zu zweit mit diesen Tandembögen. Eine/r von euch ist A, der/die andere B. Ihr faltet das Blatt in der Mitte, so dass jede/r von euch nur seine/ihre Spalte sehen kann. A fängt an, B kontrolliert die Lösung. Danach wechselt ihr die Rollen: B spricht und A kontrolliert die Lösung.
Mit diesem Tandem übt ihr **ser**, **estar**, **tener** sowie die Redemittel der Lektion.
Estás (A) en una fiesta sorpresa y hablas con otra persona (B).

Alumno/-a A	Alumno/-a B
A: Du begrüßt dein Gegenüber und fragst, wie er/sie heißt.	A: Hola. ¿Cómo te llamas?
B: Hola. Me llamo [¿]. ¿Y tú, cómo te llamas?	B: Du grüßt zurück, nennst deinen Namen und fragst ebenfalls nach dem Namen.
A: Du nennst deinen Namen. Dann fragst du dein Gegenüber, ob er/sie aus Salamanca ist und wo er/sie wohnt.	A: Me llamo [¿]. ¿Eres de Salamanca? ¿Dónde vives?
B: Vivo en la Avenida de Portugal 17.	B: Du sagst, dass du in der Avenida de Portugal 17 wohnst.
A: Du findest das sehr interessant: Du wohnst auch in der Avenida de Portugal, und zwar in Nr. 11.	A: ¡Qué/Muy interesante! Yo vivo también en la Avenida de Portugal, en el 11.
B: ¡Qué sorpresa! ¿Oye, tienes hermanos?	B: Du bist überrascht. Du fragst dein Gegenüber nach Geschwistern (*¿Oye, …?*)
A: Du hast keine Geschwister. Und dein Gegenüber?	A: No, no tengo hermanos. ¿Y tú?
B: Tengo una hermana pequeña. Comparto la habitación con ella.	B: Du hast eine kleine Schwester. Du teilst dir das Zimmer mit ihr.
A: Du möchtest wissen, ob es nicht schwierig sei, das Zimmer zu teilen.	A: ¿No es difícil compartir la habitación?
B: A veces no es fácil: ¡Ella pasa mucho tiempo en nuestra habitación y siempre quiere escuchar música! Pero yo prefiero leer.	B: Du sagst, es sei manchmal nicht einfach: Sie verbringt viel Zeit in eurem Zimmer und will immer Musik hören. Du liest aber lieber.
A: Du sagst, dass du ein eigenes Zimmer hast. Du brauchst deinen Freiraum. Aber dein Zimmer ist ziemlich klein.	A: Tengo una habitación propia. Necesito mi espacio. Pero mi habitación es bastante pequeña.
B: ¿Qué haces mañana? ¿Por qué no quedamos en la cafetería «Sol»? También está en la Avenida de Portugal, al lado del instituto.	B: Du fragst dein Gegenüber, was er/sie morgen macht. Du fragst, ob ihr euch nicht der Cafetería „Sol" verabreden sollt (*¿Por qué no…?*). Die ist auch in der Avenida de Portugal, neben der Schule.
A: Du weißt nicht so recht … Du sagst, du hast morgen keine Zeit, aber warum nicht am Telefon sprechen? Du nennst deine Nummer: 6019120501.	A: Pues, no sé… mañana no tengo tiempo, pero ¿por qué no hablamos por teléfono? Mi número / Mi teléfono es el 6019120501 (seis – cero – diecinueve – doce – cero – cinco – cero – uno).
B: Vale. ¡Hasta luego!	B: Einverstanden! Du verabschiedest dich: Bis bald!
A: Bis bald!	A: ¡Hasta luego!

TÁNDEM UNIDAD 3

Mit diesem Tandem übt ihr die Verben mit Stammwechsel **o/ue** und die Modalverben.

Alumno/-a A	**Alumno/-a B**
A: Du fragst, ob er/sie heute Zeit hat.	A: Oye, ¿tienes tiempo hoy?
B: No, hoy no puedo porque esta tarde vienen mis abuelos. ¿Qué tal mañana?	B: Nein, heute kannst du nicht, weil heute Nachmittag deine Großeltern kommen. Was ist (= *¿Qué tal…?*) (mit) morgen?
A: Nein, morgen ist schon der Geburtstag von deinem Vater und du möchtest ein Geschenk für ihn suchen.	A: No, mañana ya es el cumpleaños de mi padre y quiero buscar un regalo para él.
B: ¿Un regalo para tu padre? ¿HOY? Y… ¿por qué no preguntas a tu hermana? ¿O a tu madre?	B: Ein Geschenk für deinen Vater? HEUTE? … Du willst wissen, warum er/sie nicht seine Schwester oder seine/ihre Mutter fragt.
A: Du sagst, dass sie schon ein Geschenk haben.	A: [Ellas] ya tienen un regalo.
B: Bueno, tengo que estar en casa a las tres y media. Podemos quedar a las dos, entonces tenemos una hora…	B: Du sagst, dass du um halb vier zuhause sein musst. Ihr könnt euch um zwei Uhr verabreden, dann habt ihr eine Stunde …
A: Du bist einverstanden und fragst, wo? Im Einkaufszentrum?	A: Muy bien, a las dos… y ¿dónde? ¿En el centro comercial?
B: Vale, … bueno… oye, ¿cómo es tu padre?	B: Du bist einverstanden und fragst, wie sein/ihr Vater ist.
A: Du beschreibst deinen Vater: Er liest nicht viel, er macht keinen Sport, er geht nicht ins Kino, aber er ist sehr neugierig und will alles wissen: über die Schule, über deine Freunde …	A: No lee mucho, no hace deporte, no va al cine… pero es muy curioso… y quiere saber todo: del instituto, de mis amigos…
B: Bueno… los padres son así…	B: (*geduldig*) Ja, so sind die Eltern …
A: (*genervt*) Ja, so sind sie. Aber du weißt immer noch nicht, was du für ihn kaufen kannst.	A: Claro, son así, pero, ¿qué puedo comprar para él?
B: Oye, ¿por qué tienes que comprar algo? Mira, tú y tu hermana, podéis preparar un regalo muy especial: contáis cosas divertidas de un día en el instituto…	B: (*du hast eine Idee*) Warum muss er/sie etwas kaufen? Er/Sie und seine/ihre Schwester können ein ganz besonderes Geschenk (= *muy especial*) vorbereiten: sie erzählen lustige Sachen von einem Schultag …
A: (*du bist gar nicht überzeugt von der Idee*) Du weißt nicht so recht … und glaubst, dass du lieber ein Geschenk kaufst …	A: Hmm… no sé… creo que prefiero comprar un regalo y ya está…
B: ______________________	B: ______________________
A: ______________________	A: ______________________

TÁNDEM UNIDAD 4

Mit diesem Tandem übt ihr **me gusta/n** und wiederholt ihr die Fächer und die Tage.
In der Schule. Du (A) unterhältst dich mit einem/einer spanischen Austauschschüler/in (B), die ein Schuljahr an deiner Schule verbringt.

Alumno/-a A	**Alumno/-a B**
A: Du fragst dein Gegenüber aus Spanien, ob ihm/ihr sein/ihr Stundenplan gefällt.	A: ¿Te gusta tu horario?
B: Sí, me gusta (mi horario).	B: Ja, deinen Stundenplan findest du gut.
A: Du fragst nach dem Lieblingstag.	A: ¿Cuál es tu día favorito?
B: Mi día favorito es el miércoles. Los miércoles tengo dos horas de Mates.	B: Du sagst, dein Lieblingstag ist der Mittwoch, denn mittwochs hast du zwei Stunden Mathe.
A: Mathe? Du findest Mathe einfach nur grauenhaft.	A: ¿Mates? ¡Mates es un horror para mí! (o: No mola nada.)
B: A mí Mates me gusta mucho. Tenemos una buena profesora. Nos pone pocos deberes y explica todo muy bien.	B: Du magst Mathe sehr. Ihr habt eine gute Lehrerin! Sie gibt euch wenige Hausaufgaben auf und erklärt alles sehr gut.
A: Du erzählst, dass dein Lieblingsfach Geschichte ist. In Geschichte passt du immer auf und stellst viele Fragen.	A: Mi asignatura favorita es Historia. En Historia siempre pongo atención y hago muchas preguntas.
B: Yo tengo problemas con Historia. Estudio mucho, pero siempre saco malas notas.	B: Du sagst, du hast Probleme mit Geschichte. Du lernst viel, bekommst aber immer schlechte Noten.
A: Du sagst, dass du in Geschichte gut bist und machst deinem Gegenüber den Vorschlag, mit ihr/ihm zusammen zu lernen.	A: Yo soy bueno/-a en Historia. (o: Historia es mi fuerte.) Podemos estudiar juntos. (o: ¿Por qué no estudiamos juntos?)
B: ¡Qué buena idea! ¿Podemos quedar (o: ¿Quedamos) el viernes a las tres? El lunes tengo un examen de Historia y tengo que sacar un suficiente.	B: Was für eine gute Idee! Du fragst, ob ihr euch am Freitag um drei treffen könnt. Am Montag schreibst du nämlich einen Geschichtstest und du musst unbedingt eine Vier schreiben.
A: Freitagnachmittags kannst du nicht, da spielst du immer Fußball mit der Schulmannschaft. Du schlägst den Samstag vor, ebenfalls um drei.	A: Los viernes por la tarde no puedo, siempre juego al fútbol con el equipo del instituto. ¿Por qué no quedamos / ¿Podemos quedar el sábado a las tres?
B: Vale. ¿Dónde quedamos?	B: Du bist einverstanden und fragst, wo ihr euch treffen sollt.
A: Bei dir zuhause?	A: ¿En mi casa?
B: Vale. (Entonces) el sábado a las tres en tu casa.	B: Du bist einverstanden und wiederholst: Also am Sonnabend um drei bei deinem Gegenüber zuhause.

TÁNDEM UNIDAD 5

Mit diesem Tandembogen übt ihr **estar + gerundio**.
Los padres están de vacaciones y la madre (A) llama a al hijo / a la hija (B). Nach einem Durchgang wechselt ihr die Rollen.

Alumno/-a A	**Alumno/-a B**
A: Hola..., mi amor ¿qué (*hacer* / tú)?	A: Hola..., mi amor ¿qué **estás haciendo**?
B: Pero ¡qué pregunta, mamá! Yo **estoy hablando** contigo por teléfono.	B: Pero ¡qué pregunta, mamá! Yo (*hablar*) contigo por teléfono.
A: Ya, claro... y Raúl, ¿qué (*hacer*)?	A: Ya, claro... y Raúl, ¿qué **está haciendo**?
B: ¿Raúl? Pues... **está compartiendo** sus deberes con su clase por Internet.	B: ¿Raúl? Pues... (*compartir*) sus deberes con su clase por Internet.
A: ¿Sííí? No sé... ¿es bueno o no? ¿Y Ana, ¿que (*hacer*)?	A: ¿Sííí? No sé... ¿es bueno o no? ¿Y Ana, ¿que **está haciendo**?
B: Ana **está charlando** en Internet con su novio en Australia, **están hablando** por Skype.	B: Ana (*charlar*) en Internet con su novio en Australia, (*hablar* / ellos) por Skype.
A: Pues ella sabe que tiene que preparar su examen de biología... ¿Y dónde está Manuel?	
B: Manuel **está leyendo** algo...	B: Manuel (*leer*¡!) algo...
A: ¡Qué buen chico!, siempre (*leer*)...	A: ¡Qué buen chico!, siempre **está leyendo**...
B: Sí, mamá, **está leyendo** tus e-mails en el ordenador.	B: Sí, mamá, (*leer*¡! / él) tus e-mails en el ordenador.
A: ¡Pero cómo! Pues no puede hacer eso. ¿Y qué hace Lucía?	
B: **Está discutiendo** con la abuela. Ella también nos **está controlando**.	B: (*discutir*) con la abuela. Ella también nos (*controlar*[1]).
A: Pero mi amor, sólo quiero saber cómo estáis... ¿Y mi pequeñito[2]...?	
B: Tu pequeñito José **está poniendo** la mesa con vasos y platos y todo...	B: Tu pequeñito José (*poner*) la mesa con vasos y platos y todo...
A: ¡Ay qué bien!	
B: ¿Y vosotros, qué **estáis haciendo**? Seguro que papá **está viendo** la tele por horas y tú **estás contando** las horas que faltan para volver a casa.	B: ¿Y vosotros, qué (*hacer*)? Seguro que papá (*ver*) la tele por horas y tú (*contar*) las horas que faltan para volver a casa...
A: ¿Y cómo lo sabes?	
	B: Porque os conozco...

1 controlar *kontrollieren* **2** pequeñito *Verkleinerungsform von* pequeño

TÁNDEM UNIDAD 6

Mit diesem Tandem übt ihr das **indefinido** sowie **hace** + Zeitpunkt. Antwortet wahrheitsgemäß.

▼
ayer
anteayer (= *vorgestern*)
el fin de semana pasado (= *letztes Wochenende*)
la semana pasada (= *letzte Woche*)
el otro día (= *neulich*)
hace días/semanas/meses/años

Alumno/-a A	Alumno/-a B
A: ¿Cuándo (*perderse*) por última vez?	A: ¿Cuándo **te perdiste** por última vez?
B: **Me perdí** por última vez ▼	B: (*Perderse*) por última vez ▼
A: ¿Cuándo (*bailar*) por última vez?	A: ¿Cuándo **bailaste** por última vez?
B: **Bailé** por última vez ▼	B: (*Bailar*) por última vez ▼
A: ¿Cuándo (*acostarse*) por última vez a las ocho de la tarde?	A: ¿Cuándo **te acostaste** a las ocho de la tarde por última vez?
B: **Me acosté** por última vez a las ocho de la tarde ▼	B: (*Acostarse*) por última vez a las ocho de la tarde ▼
A: ¿Cuándo (*ir*) a un festival por última vez?	A: ¿Cuándo **fuiste** a un festival por última vez?
B: **Fui** a un festival por última vez ▼	B: (*Ir*) a un festival por última vez ▼
A: ¿Cuándo (*llamar*) a una puerta por última vez?	A: ¿Cuándo **llamaste** a una puerta por última vez?
B: **Llamé a** una puerta por última vez ▼	B: (*Llamar*) a una puerta por última vez ▼
A: ¿Cuándo (*levantarse*) a las seis de la mañana por última vez?	A: ¿Cuándo **te levantaste** a las seis de la mañana por última vez?
B: **Me levanté** a las seis de la mañana por última vez ▼	B: (*Levantarse*) a las seis de la mañana por última vez ▼
B: (*Ahora tú contestas.*) ¿Cuándo **jugaste** al fútbol por última vez?	B: (*Ahora tú preguntas.*) ¿Cuándo (*jugar*) al fútbol por última vez?
A: (*Jugar*) al fútbol por última vez ▼	A: **Jugué** al fútbol por última vez ▼
B: ¿Cuándo **saliste** con tus amigos por última vez?	B: ¿Cuándo (*salir*) con tus amigos por última vez?
A: (*Salir*) con mis amigos por última vez ▼	A: **Salí** con mis amigos por última vez ▼
B: ¿Cuándo **sacaste** buenas notas por última vez?	B: ¿Cuándo (*sacar*) buenas notas por última vez?
A: (*Sacar*) buenas notas por última vez ▼	A: **Saqué** buenas notas por última vez ▼
B: ¿Cuándo **comiste** en un restaurante por última vez?	B: ¿Cuándo (*comer*) en un restaurante por última vez?
A: (*Comer*) en un restaurante por última vez ▼	A: **Comí** en un restaurante por última vez ▼
B: ¿Cuándo **fuiste** al cine por última vez?	B: ¿Cuándo (*ir*) al cine por última vez?
A: (*Ir*) al cine por última vez ▼	A: **Fui** al cine por última vez ▼

TÁNDEM UNIDAD 7

Mit diesem Tandem wiederholt ihr den Imperativ der 2. Person Singular. Außerdem übt ihr den Imperativ mit angehängtem Pronomen und die Verneinung **nada/nadie/nunca**.

En el campamento de verano, Luis/Luisa (A, un/a monitor/a) habla con Roberto (B).

Alumno/-a A	Alumno/-a B
A: Oye, Roberto, (*decir* / a mí), te pasa algo?	A: Oye, Roberto, **dime**, te pasa algo?
B: No, no, no me pasa **nada**.	B: No, no, no me pasa [¿].
A: Pero hombre, te veo un poco triste, (*venir* / tú), (contar / a mí), ¿qué te pasa?	A: Pero hombre, te veo un poco triste, **ven**, **cuéntame**, ¿qué te pasa?
B: Eh… bueeeno… es que ayer perdí mi móvil. ¡Y sin móvil no puedo hacer **nada**!	B: Eh… bueeeno… es que ayer perdí mi móvil. ¡Y sin móvil no puedo hacer [¿]!
A: Pero aquí en el campamento estamos haciendo cosas todo el tiempo. (*mirar* / tú), en diez minutos empieza el campeonato de piragüismo.	A: Pero aquí en el campamento estamos haciendo cosas todo el tiempo. **Mira**, en diez minutos empieza el campeonato de piragüismo.
B: Pues sí, durante el día no pasa **nada**. Pero por la noche: no puedo llamar a **nadie**.	B: Pues sí, durante el día no pasa [¿]. Pero por la noche: no puedo llamar a [¿].
A: Claro, eso es un rollo. ¡(*escribir* / a ellos) entonces mails en vez de mensajes!	A: Claro, eso es un rollo. ¡Escríbeles entonces mails en vez de mensajes!
B: Sí, pero no es lo mismo. No sé **nada** de los otros, no tengo idea de los planes de mis amigos…	B: Sí, pero no es lo mismo. No sé [¿] de los otros, no tengo idea de los planes de mis amigos…
A: Pues… (*llamar* / tú) por lo menos a tu familia por el teléfono fijo en la entrada.	A: Pues… **llama** por lo menos a tu familia por el teléfono fijo en la entrada.
B: Vale, a ver si están en casa. Es que en verano, en nuestra casa no hay **nadie**.	B: Vale, a ver si están en casa. Es que en verano, en nuestra casa no hay [¿].
A: Claro, si ellos no saben [¿] de ti, piensan que todo está bien y no te llaman [¿].	A: Claro, si ellos no saben **nada** de ti, piensan que todo está bien y no te llaman **nunca**.
B: ¡Qué rollo!	B: ¡Qué rollo!
A: (*Da Roberto su móvil.*) (*mirar* / tú), (*tomar* / tú) mi móvil y (*llamar* / tú) a tus padres. (*dar* / a ellos) el número del campamento y (*decir* / a ellos) que pueden llamarte por la noche.	A: (*Da Roberto su móvil.*) **Mira**, **toma** mi móvil y llama a tus padres. **Dales** el número del campamento y **diles** que pueden llamarte por la noche.
B: Eh… ¡muchas gracias! Tengo que buscar el número… como nunca marco el número de mi casa. Ah, y **déjame** hacer una cosa. (*Marca un número… y lejos suena su móvil.*) Pero no es posible… ¡mi móvil!	B: Eh… ¡muchas gracias! Tengo que buscar el número… como nunca marco el número de mi casa. Ah, y (*dejar* / a mí) hacer una cosa. (*Marca un número… y lejos suena su móvil.*) Pero no es posible… ¡mi móvil!

TÁNDEM SUPLEMENTO CATALUÑA

Mit diesem Tandembogen prägt ihr euch den Unterschied zwischen pretérito indefinido y pretérito perfecto ein und übt die Partizipformen häufiger Verben.

Alumno/-a A	**Alumno/-a B**
A: ¿Qué (*hacer* / tú) hoy?	A: ¿Qué **has hecho** hoy?
B: Esta mañana **he ido** a casa de mis abuelos, y por la tarde **he hablado** en el chat con Sandra. ¿Y tú?	B: Esta mañana (*ir* / yo) a casa de mis abuelos, y por la tarde (*hablar*) en el chat con Sandra. ¿Y tú?
A: Hoy (*pasar*) casi toda la tarde en el parque cerca de mi casa. ¡Es el mejor sitio para pasar un rato! Ayer también (*estar*) allí y lo (*pasar*) bomba.	A: Hoy **he pasado** casi todo el día en el parque cerca de mi casa. ¡Es el mejor sitio para pasar un buen día! Ayer también **estuve** allí y lo **pasé** bomba.
B: ¿Ya **has estado** alguna vez en París?	B: ¿Ya (*estar*) alguna vez en París?
A: Sí, el año pasado mis padres y yo (*pasar*) un fin de semana en París.	A: Sí, el año pasado mis padres y yo **pasamos** un fin de semana en París.
B: ¿Ya **has hecho** los deberes de inglés?	B: ¿Ya (*hacer* / tú) los deberes de inglés?
A: Sí, los (*hacer* / yo) esta tarde. ¿Y tú?	A: Sí, los **he hecho** esta tarde. ¿Y tú?
B: Los **hice** ayer.	B: Los (*hacer*) ayer.
A: ¿(*Ir*) a Baqueira en enero?	A: ¿**Fuiste** a Baqueira en enero?
B: No, no **pude** ir, porque en enero **fui** a Madrid.	B: No, no (*poder*) ir porque en enero (*ir*) a Madrid.
A: ¿(*Ver*) a Ana hoy?	A: ¿**Has visto** a Ana hoy?
B: No, no la **he visto** hoy, pero **hablé** con ella el otro día.	B: No, no la (*ver*) hoy, pero (*hablar*) con ella el otro día.
A: ¿Ya (*recibir*) el mensaje que te (*mandar* / yo) ayer?	A: ¿Ya **has recibido** el mensaje que te **mandé** ayer?
B: Claro que sí. Ya te **he contestado**.	B: Claro que sí. Ya te (*contestar* / yo).
A: ¿Qué (*comer*) ayer?	A: ¿Qué **comiste** ayer?
B: Ayer **comí** un bocadillo de jamón y queso.	B: Ayer (*comer*) un bocadillo de jamón y queso.
A: ¿Qué (*comer*) hoy?	A: ¿Qué **has comido** hoy?
B: Hoy no **he comido** nada.	B: Hoy no (*comer*) nada.
B: ______________________	B: ______________________
A: ______________________	A: ______________________

AUTOCONTROL-LÖSUNGEN

UNIDAD 1 (AUTOCONTROL, S. 14)

Wenn du Probleme hattest:

1 1. ¿Cómo te llamas? –Me llamo Felipe. – 2. ¡Hola, soy Anabel! ¿Y tú? –Soy Nuria. – 3. Él es Ramiro. ¿Y cómo se llama ella? – 4. ¡Hola! Soy Roberto. ¿Y cómo te llamas tú?

Wenn dir einige Redewendungen nicht eingefallen sind, wiederhole im Wörterverzeichnis auf S. 191 den Kasten Para comunicarse.

2 Soy Lasse. Soy de Memmingen. Hablo alemán, inglés, francés y un poco de español. Mis amigos son de aquí, pero Amalia no. Ella es de España, de Madrid. Busco amigos en Internet.

Mache folgende Übungen: Buch, S. 14/4, S. 21/7; Cuaderno, S. 3/2, S. 6/4, S. 7/6.

3 1. Esta es María. Es de Valladolid. – 2. Él es Juan y ella es Rosa. – 3. Todos son de Madrid. – 4. Mi vecino es de México. – 5. Él es de Perú. Se llama Francisco.

Schau dir noch einmal die Punkte 1 bis 5 im Resumen auf S. 22 an.
Mache folgende Übungen: Buch, S. 14/4; Cuaderno, S. 5/2.

4 1. Esta es Julia. Es de España. – 2. (Yo) Soy de Frankfurt. – 3. (Él) Es el vecino de Sonja. – 4. (Nosotros) Somos amigos de Carla. – 5. Ellos son Miguel y Pablo. Son de Chile.

Lege für das Verb *ser* eine Verbkartei an.
Schau dir noch einmal den Punkt 3 im Resumen, auf S. 22 an.
Mache folgende Übungen: Buch, S. 15/7; Cuaderno, S. 5/3.

5 1. Hablo – 2. estudias – 3. lee – 4. compartimos – 5. aprendéis – 6. escriben mensajes

Schau dir den Punkt 4 im Resumen auf S. 22 an.
Mache folgende Übungen: Buch, S. 17/4, S. 20/4, S. 21/5; Cuaderno, S. 9/4–5, S. 12/4–6.
Du kannst auch alleine mit dem Würfelspiel üben. Lege eine Verbkartei für *hablar*, *aprender* und *vivir* an.

6 ☺: muy bien – bien – regular
☹: mal – muy mal – fatal

Wenn du einige Antworten nicht zuordnen konntest, wiederhole im Vokabelteil auf S. 191 den Wortschatz.

7 **Lösungsvorschlag:** 1. No, no hablo quechua. Hablo (alemán). – 2. No, no me llamo Pancho. Me llamo (Robert). – 3. No, no soy de Perú. Soy de (Alemania). – 4. No, mi vecino no es Diego. Mi vecino es (Klaus). – 5. No, no recibo mensajes de Jennifer. Recibo mensajes de (Simone y de Nadine).

Schau dir noch einmal den Punkt 6 im Resumen auf S. 22 an.
Mache folgende Übungen: Buch, S. 18/5; Cuaderno, S. 10/7.

8 1. ¿Cómo se llama (ella)? – 2. ¿De dónde es (él)? – 3. ¿Quiénes son Pili y Jorge? – 4. ¿Dónde vives ahora?

Schau dir den Punkt 6 im Resumen auf S. 22 an. Mache folgende Übungen: Buch, S. 20/3; Cuaderno, S. 6/5, S. 10/6.

UNIDAD 2 (AUTOCONTROL, S. 26)

Wenn du Probleme hattest:

1 2. seis – cero ocho – treinta y cuatro – setenta y dos – noventa y cuatro
3. seis – cero dos – cero uno – veintidós – setenta y nueve

Schau dir die Zahlen auf S. 178 an. Achte besonders genau auf die Schreibweise der Zahlen von 16 bis 19.
Mache folgende Übungen: Buch S. 28/3; Cuaderno, S. 16/1.

2 1. Hola, soy Vega. – 2. Mis apellidos son Martín González. – 3. Tengo catorce años. – 4. Vivo en la Avenida de Mirat 43. – 5. Mi número de teléfono es el 6-05-88-83-52. – 6. Mis amigos se llaman Laura y Roberto. – 7. Mi banda favorita es Chambao.

Schau dir noch einmal den Punkt 1 im Resumen auf S. 41 an.
Mache folgende Übungen: Buch, S. 29/5; Cuaderno, S. 16/2.

3 1. Sus DVD favoritos están encima del armario. – 2. Su guitarra está debajo de la cama. – 3. Su mochila está al lado del armario. – 4. Su diario está detrás de los libros. – 5. Su gorra favorita está en el armario. – 6. Su cuaderno está detrás de los libros.

Schau dir die Vokabeln in der Wortliste auf S. 195 an.
Wiederhole regelmäßig die Vokabeln.
Schau dir den Punkt 3 im Resumen auf S. 41 an.
Mache folgende Übungen: Buch, S. 36/4–5, S. 43/2; Cuaderno, S. 18/4.

4 En B la gorra no está encima de la cama, está debajo de la cama. – En B la mochila está encima del armario, en A está al lado de la cama. – En B hay una silla al lado de la mesa, en A la silla está al lado de la estantería. – En B hay cedés encima de la cama. En A no hay cedés. – En A hay una mesa pequeña al lado de la cama, debajo de los posters. En B hay una mesa pequeña al lado de la cama y enfrente del armario.

Schau dir noch einmal den Punkt 3 im Resumen auf S. 41 an.
Mache folgende Übungen: Buch, S. 36/4–5, S. 43/2; Cuaderno, S. 21/4–5.

5 1. La fiesta es divertida. – 2. Las preguntas son fáciles. – 3. Las fotos son muy buenas. – 4. A veces pasamos momentos bastante aburridos. – 5. Las habitaciones son grandes.

Schau dir noch einmal den Punkt 5 im Resumen auf S. 41 an.
Mache folgende Übungen: Buch, S. 36/3, S. 42/3, S. 44/6; Cuaderno, S. 21/6, S. 22/7.

6
querer: quiero, quieres, quiere, queremos, queréis, quieren
preferir: prefiero, prefieres, prefiere, preferimos, preferís, prefieren
pensar: pienso, piensas, piensa, pensamos, pensáis, piensan
tener: tengo, tienes, tiene, tenemos, tenéis, tienen
hacer: hago, haces, hace, hacemos, hacéis, hacen

Auf S. 184 findest du alle Formen des Verbs *querer*. Das Verb *preferir* hat die gleiche Stammvokaländerung wie *querer*, unterscheidet sich bei der Konjugation aber in der 2. Person Plural (*vosotros*), da es ein Verb mit der Endung *-ir* ist.
Mache folgende Übungen: Buch, S. 39/4, S. 42/1, S. 44/7; Cuaderno, S. 24/4–5.

UNIDAD 3 (AUTOCONTROL, S. 39)

Wenn du Probleme hattest:

1 1. Son las ocho de la tarde. – 2. Son las cuatro de la tarde. – 3. Son las doce y tres. – 4. Son las ocho de la mañana. – 5. Son las siete menos veinte de la tarde. – 6. Son las diez menos cuarto de la noche.

Schlage nach im Resumen Punkt 1, Seite 59 oder im Wörterverzeichnis, S. 197.
Mache die Übungen: Buch, S. 47/1 und 3 oder S. 60/1; Cuaderno, S. 28/2–3.

2 1. ¿A qué hora te levantas el domingo? – 2. ¿Adónde vas? – 3. ¿Por qué no haces tus deberes? – 4. ¿Cuándo es tu cumple?

Schlage im Buch das Para comunicarse, S. 201 nach oder mache die Übung S. 60/2.

3 al cine, al instituto, al centro comercial/cultural, al parque
a la plaza, a la librería, a la bolera, a la fiesta, a la cafetería

Sieh im Resumen 2, S. 59 nach und mache die Übung im Buch, S. 49/4.

4 1. os – 2. te – 3. os – 4. me – 5. me – 6. os – 7. nos – 8. se – 9. te – 10. se – 11. te – 12. me

Schlage im Resumen 6, S. 60 nach und wiederhole die Übung auf S. 60/4. Du kannst auch die Übung im Buch S. 57/3–4 machen und im Cuaderno S. 34/2.

5
ir: voy, vas, va, vamos, vais, van
venir: vengo, vienes, viene, venimos, venís, vienen
soñar: sueño, sueñas, sueña, soñamos, soñáis, sueñan

Schlage die Formen in der Verbliste, S. 182–184 nach. Wiederhole im Buch die Übungen S. 49/4, S. 52/3 und S. 53/4, im Cuaderno die Übungen S. 29/3–4 und S. 32/4.

6 1. curiosa – curioso – 2. deportista – deportista – 3. tímida – tímido – 4. graciosa – gracioso – 5. egoísta – egoísta – 6. maja – majo – 7. – alegres – simpáticos

Die Adjektive kennst du schon aus der Unidad 2. Wiederhole im Cuaderno die Übung S. 33/7.

7 1. ¿A qué hora cierra la librería? – 2. ¿Cuándo es tu cumpleaños? – 3. ¿A qué hora empieza la película? – 4. ¿Quedamos a las tres delante del instituto? – 5. A las tres no puedo, tengo que estar en casa a las tres y media. – 6. ¿Qué hora es?

Schlage die Redemittel im Kasten Para comunicarse, S. 201 im Buch nach.

8 **Lösungsvorschlag:** Por la mañana, Sandra se levanta. Va al colegio. Está en clase. A mediodía, va a la cafetería, charla con los amigos en el recreo. Por la tarde, vuelve a casa. Hace sus deberes y prepara las cosas para la fiesta. Por la noche, se acuesta y sueña con una rana.

Schlage die Redemittel im Kasten Para comunicarse, S. 201 im Buch nach.
Wiederhole im Buch die Übung S. 58/6 und im Cuaderno S. 36/5.

UNIDAD 4 (AUTOCONTROL, S. 50)

Wenn du Probleme hattest:

1 1. buen – 2. buen – 3. buenas – 4. malas, buena, malas

Schau dir noch einmal den Punkt 1 Resumen auf S. 81 an.
Mache folgende Übungen: Buch, S. 71/5; Cuaderno, S. 43/6 und S. 44/7.

2 me, te, te, me, le, le, te

Schau dir noch einmal den Punkt 2 Resumen auf S. 81 an.
Mache folgende Übungen: Buch, S. 71/6–7; Cuaderno, S. 43/5.

3 1. me – 2. te – 3. le – 4. le – 5. me, me – 6. te

Schau dir noch einmal den Punkt 2 Resumen auf S. 81 an.
Mache folgende Übungen: Buch, S. 71/6–7; Cuaderno, S. 43/5.

4 1. le gustan, le gusta – 2. me gustan – 3. le gustan – 4. le gusta – 5. te gusta

Schau dir die Punkte 2 und 5 im Resumen auf S. 81 an.
Mache folgende Übungen: Buch, S. 74/4–5, S. 76/9–10, S. 84/4–5; Cuaderno, S. 45/2–3 und S. 46/6.

5 1. A mí también. / A mí no. – 2. A mí tampoco. / A mí sí. – 3. A mí también. / A mí no. – 4. A mí tampoco. / A mí sí.

Schau dir noch einmal den Punkt 5 im Resumen auf S. 81 an.
Mache folgende Übung im Buch: S. 75/7.

6 **a** **saber:** sé, sabes, sabe, sabemos, sabéis, saben
poder: puedo, puedes, puede, podemos, podéis, pueden
doler: duele, duelen
salir: salgo, sales, sale, salimos, salís, salen

b salen – pueden – sabeis – puedo – duele – duele – duelen – duele – salgo – duele – puedo – saben – sé – puede

Poder benutzt man, wenn man etwas wegen äußerer Umstände (nicht) kann oder daran gehindert wird, es zu tun. *Saber* wird benutzt, wenn man (nicht) weiß, wie etwas geht, weil man es (nicht) gelernt hat.
Das Verb *doler* funktioniert wie *gustar*. Man braucht nur die Formen *duele* und *duelen*.
Mache die Übungen: Buch, S. 78/3, S. 79/4; Cuaderno, S. 49/8.

UNIDAD 5 (AUTOCONTROL, S. 62)

Wenn du Probleme hattest:

1 **Lösungsvorschlag:** El chico lleva un jersey oscuro, vaqueros azules y zapatillas blancas. Laura lleva una camiseta negra, vaqueros azules y zapatillas blancas. Vega lleva una camiseta rosa, vaqueros azules y zapatillas oscuras.

Wiederhole den Wortschatz, S. 209.
Mache die Übungen: Buch, S. 86/1, S. 87/2; Cuaderno, S. 52/1.

2

esta	librería	esas	bicis
estas	entradas	esas	asignaturas
este	fin de semana	ese	resultado
esta	mochila	esas	notas
estos	cedés	esos	exámenes

Schau dir den Punkt 2 im Resumen auf S. 100 an.
Mache die Übungen: Buch, S. 89/3–4, S. 90/5; Cuaderno, S. 53/3 und S. 54/4.

3

1. Estoy comiendo. – 2. ¿Qué estás haciendo? – 3. Felipe está leyendo. – 4. Sí, mamá, estamos poniendo la mesa. – 5. ¿Qué estáis escuchando? – 6. Están escribiendo el examen de Biología.

Die Endung des *gerundio* für die Verben auf *-ar* lautet *-ando*, für die Verben auf *-er* und *-ir* lautet sie *-iendo*.
Mache folgende Übungen: Buch, S. 93/4 und S. 103/5.

4

Diego quiere saber / pregunta qué deberes de Inglés tenemos para mañana. Dice que está en la plaza con Roberto y pregunta si no quiero ir también. Quiere saber si tengo que estudiar, como siempre.
Roberto quiere saber si estoy contigo. Cree que tú todavía tienes su libro de historia, dice que lo necesita mañana. Pregunta si podemos pasar por su casa y quiere saber a qué hora queremos pasar.

Schau dir noch einmal den Punkt 4 im Resumen auf S. 100 an.
Mache folgende Übungen: Buch, S. 98/5; Cuaderno, S. 59/4.

5

1. Le – 2. la – 3. Les – 4. los – 5. Lo, lo, le – 6. la/lo – 7. lo

Merke dir: Die Formen der direkten Objektpronomen unterscheiden sich nur in der 3. Person Singular und Plural von den Formen der indirekten Objektpronomen.
Mache folgende Übungen: Buch, S. 97/2–3, S. 101/2; Cuaderno, S. 60/6.

6

1. ¿Cómo se llama el chico que aprende a tocar la guitarra en Internet? Carlitos. – 2. ¿Cómo se llama la chica que quiere ir a la bolera con Roberto? Cristina. – 3. ¿Quién es el chico que le gusta mucho a Laura? Tomás. – 4. ¿Cómo se llama el profesor que está con los chicos en Baqueira? Germán. – 5. Diego lleva ropa que está vieja y rota. ¿Qué es? Vaqueros rotos.

Schau dir den Punkt 1 im Resumen auf S. 100 an.
Mache folgende Übungen: Buch, S. 2; Cuaderno, S. 52/3.

UNIDAD 6 (AUTOCONTROL, S. 72)

Wenn du Probleme hattest:

1 a

hablé	comí	escribí
hablaste	comiste	escribiste
habló	comió	escribió
hablamos	comimos	escribimos
hablasteis	comisteis	escribisteis
hablaron	comieron	escribieron

Schau dir noch einmal den Punkt 1 Resumen auf S. 115 an. Schlage die Formen in der Verbliste, S. 182 nach.
Mache folgende Übungen: Buch, S. 108/4; Cuaderno, S. 65/2, S. 66/3.

b

llegué	empecé	saqué
llegaste	empezaste	sacaste
llegó	empezó	sacó

Die Verben auf *-zar*, *-gar* und *-car* haben im *pretérito indefinido* jeweils eine orthografische Besonderheit in der 1. Person Singular.

2

1. llegó – 2. hablo – 3. cantó – 4. llegamos (indefinido) – 5. tomamos (indefinido) – 6. hablamos (presente)

Mache folgende Übungen: Buch, S. 116/1–2; Cuaderno, S. 66/4.

3

1. hicisteis, fuimos, fue – 2. viniste, estuve, pude – 3. te pusiste – 4. estuvieron

Schau dir noch einmal die Punkte 2 und 3 Resumen auf S. 115 an. Mache folgende Übungen: Buch, S. 113/6–7; Cuaderno, S. 69/3.

4

2. Cuando fui al concierto, tomé muchas fotos.
3. Cuando viajé a Medellín, vi la Cordillera de los Andes.
4. Cuando tuve que volver, me puse triste.

Schau dir noch einmal den Punkt 5 Resumen auf S. 115 an.
Mache folgende Übungen: Buch, S. 116/3; Cuaderno, S. 66/4.

5

1. Después de ducharse, desayunó con los compañeros y los profesores. Antes de desayunar con los compañeros y profesores se duchó. – 2. Después de ponerse el abrigo, salió para esquiar. Antes de salir para esquiar, se puso el abrigo. – 3. Después de bajar a toda pastilla, se cayó. – 4. Después de levantarse, le dolieron las piernas. – 5. Antes de acostarse, habló con Roberto. Después de hablar con Roberto, se acostó.

Schau dir noch einmal den Punkt 6 Resumen auf S. 115 an.
Mache folgende Übungen: Buch, S. 112/5, S. 116/4.

UNIDAD 7 (AUTOCONTROL, S. 82)

Wenn du Probleme hattest:

1

hablar sobre el tiempo: hace (mucho) sol, hace viento, llueve mucho, hace frío, el sol no quema mucho, hace buen/mal tiempo, no deja de llover, está nublado, hace calor
escribir una carta: ¡Querida familia!, Hola, Diego. / Besos y recuerdos a todos. / Un beso y dale recuerdos a... / Un abrazo. / Escríbeme pronto.

Wiederhole mit einem Mitschüler / einer Mitschülerin die Redemittel, S. 222.

2

1. Ve hasta la Plaza Mayor, después sigue por la calle Prior, cruza la calle Compañía y sigue todo recto. En la calle Ancha coge la calle a la izquierda y te vas todo recto. En la cuarta o quinta calle doblas a la derecha y ya ves el comedor.
2. Sigue todo recto hasta la Plaza Mayor, ahí giras a la izquierda y atraviesas la Plaza Isla de la Rúa. Coges la calle de la izquierda y no calle Rúa Mayor. Después vas todo recto y llegas a la casa de las Conchas.

Schau dir den Punkt 1 im Resumen, S. 130 an.
Mache folgende Übungen: Buch, S. 120/1–2, S. 122/4–5; Cuaderno, S. 74/2 und 4.

3

Lucía es la primera. Roberto es el segundo. Luis es el tercero. Ana es la cuarta. Tomás es el quinto, pero el tercer chico. Tina es la sexta.

Schau dir den Punkt 1 im Resumen, S. 130 an. Merke dir: Vor einem maskulinen Substantiv werden *primero* und *tercero* zu *primer* und *tercer*.
Mache die Übung 1, S. 131 im Buch.

4

1. En agosto voy a ir a Valencia. – 2. Todos los días vamos a ir a la playa. – 3. Todas mis primas van a estar allí. – 4. Y tú, ¿qué vas a hacer? – 5. No sé, vamos a quedarnos en Salamanca. – 6. ¿Os vais a quedar todo el tiempo en casa?

Wiederhole das Verb *ir*, S. 184.
Mache die Übungen: Buch, S. 125/5, S. 131/2; Cuaderno, 77/4.

5

1. Dale el libro ahora mismo. – 2. Cómpralas por favor. – 3. Ayúdala, por favor. – 4. Repítela, por favor. – 5. Explícale el camino. – 6. Págalo, por favor. – 7. Escríbeles mañana.

Die Objektpronomen werden direkt an den bejahten Imperativ angehängt. Wiederhole die Betonungsregeln auf S. 178.
Mache folgende Übungen: Buch, S. 128/7, S. 131/5; Cuaderno, S. 79/2.

6

llegó – Hicimos – fue – subimos – fuimos – hizo – nos quedamos – vimos– llevó – visitamos – hicimos – se fue – volvió

Das *pretérito indefinido* steht oft mit konkreten Zeitangaben der Vergangenheit wie *ayer*, *hace dos días*, *a las tres*, *el sábado pasado*.